铁路工程施工安全与案例分析丛书

铁路营业线施工安全与案例分析

黄守刚　主编

中国铁道出版社

2011年·北京

内容简介

在大规模铁路建设中，营业线施工和邻近营业线的项目占有很大比例，营业线施工安全形势严峻。本书以现行《铁路营业线施工及安全管理办法》为指导原则，通过典型案例系统介绍了铁路营业线及邻近营业线施工中的安全技术知识。通过配备大量插图将内容化繁为简，使读者能快速直观掌握铁路营业线施工安全知识，增强安全意识，提高安全技术水平，从而进一步加强和规范营业线及邻近营业线安全施工。

本书不仅适合于铁路工程管理与技术人员、安全专职人员参考阅读，也适合于广大铁路工人自学。

图书在版编目(CIP)数据

铁路营业线施工安全与案例分析/黄守刚主编.
—北京：中国铁道出版社，2011.7
(铁路工程施工安全与案例分析丛书)
ISBN 978-7-113-13021-3

Ⅰ.①铁… Ⅱ.①黄… Ⅲ.①铁路线路—工程施工—安全技术 Ⅳ.①U215.8

中国版本图书馆CIP数据核字(2011)第105203号

书　　名：铁路工程施工安全与案例分析丛书
铁路营业线施工安全与案例分析
作　　者：黄守刚　主编

责任编辑：徐　艳　江新照　　**电话：**010-51873193
封面设计：崔丽芳
责任校对：张玉华
责任印制：李　佳

出版发行：中国铁道出版社(100054，北京市宣武区右安门西街8号)
网　　址：http://www.tdpress.com
印　　刷：北京新魏印刷厂
版　　次：2011年7月第1版　2011年7月第1次印刷
开　　本：787 mm×1 092 mm　1/16　印张：6.25　字数：146千
书　　号：ISBN 978-7-113-13021-3
定　　价：16.00元

编写委员会

主　编：黄守刚（石家庄铁道大学）

副主编：秦　凯（中铁十三局集团）　梁爱国（中铁十九局集团）

张金柱（中铁十二局集团）　康拥政（石家庄铁道大学）

委　员：邓汉权（中铁二十五局集团）　郭法生（中铁四局集团）

高俊青（中铁二十一局集团）　李培安（中铁二十局集团）

徐宝域（中铁二十四局集团）　张云峰（中铁四局集团）

曹万玲（中铁二十局集团）　谢安荣（中铁二十五局集团）

廖柳红（中铁二十五局柳州公司）　夏润禾（中交第二公路工程局有限公司）

刘　斌（中铁十一局集团）　黄基富（中铁八局集团）

李占先（中铁十四局集团公司）　王四虎（中铁十五局六公司）

亢新华（中铁一局集团）　严少发（中交隧道工程局有限公司）

杨先权（中铁大桥局集团）　王维新（中铁十八局集团）

潘建华（中铁二十二局集团）　王立广（中交隧道工程局有限公司）

黄旭升（中铁十八局集团）　王善高（中交隧道工程局有限公司）

吴景龙（石家庄铁道大学）　李永华（河北交通职业技术学院）

李艳菊（河北省住房与城乡建设厅执业资格注册中心）

前 言

随着国家大规模铁路建设的展开，铁路建设投资大幅增加，施工任务重，工期紧，存在大量高处、野外、深水作业，流动性大，机械调动频繁，新工人比例高、安全意识相对较差，再加之新技术新标准的大量采用，因此铁路建设安全风险比以往更高，铁路建设安全管理任务艰巨。为适应当前的铁路建设安全形势，我们编写了铁路工程施工安全与案例分析丛书。

本丛书包括9个分册，涵盖桥涵、隧道、轨道、路基、营业线、地铁、施工机械作业、铁路工程建设安全生产管理及施工现场事故防范与处理。该系列丛书以现行铁路工程各专业施工安全技术规程为指导思想，结合铁路建设安全知识需求的实际情况，通过400余个安全案例，深入浅出地阐述了铁路工程(含地铁)各专业的施工安全管理、技术和措施的一些基本知识。各分册均配备了大量的插图，将安全知识化繁为简，书籍可读性强，使读者能快速直观掌握铁路工程施工安全基本知识，增强施工安全意识，提高安全施工技术水平。

本丛书在编写和审定过程中，奋斗在铁路建设一线的专业技术人员提出了很多宝贵意见，提供了大量的素材，在此一并表示感谢。由于作者水平有限，且时间仓促，书中难免有不足之处，敬请读者指正并提出宝贵意见。

编者

2011年6月

目　录

第一章 铁路营业线施工安全管理概论

第一节 铁路营业线施工概论

一、铁路营业线施工的概念

铁路营业线是指已经建成并投入运输生产使用的铁路线路。铁路营业线施工是指影响营业线设备稳定、设备使用和行车安全的各种施工，分为施工作业和维修作业。

1. 施工作业

(1)线路及站场设备技术改造，包括增建双线、新线引入、局部改线、电气化改造、增加第二线插入段、部分复线双绕等施工。

(2)跨越、穿越线路、站场，架设、铺设桥梁、人行过道、管道、渡槽和电力线路、通信线路、油气管线等设施的施工。

(3)在线路安全保护区内架设、铺设管道、渡槽和电力线路、通信线路、油气管线等设施的施工。

(4)在规定的安全区域内实施爆破作业，在线路隐蔽工程(含通信、信号电缆经过路线)上作业，影响路基稳定的各种施工。

(5)在信号、联锁、闭塞、CTC、列控等行车设备上的大中修施工作业。

(6)线路大中修，路基、桥隧大修及大型养路机械施工作业，接触网大修作业。

2. 维修作业

维修作业是指利用“维修天窗”进行的作业，作业开始前不需限速，结束后须达到正常放行列车条件。

本书仅介绍施工作业，对于维修作业，不予介绍。

随着国民经济的持续发展，列车速度不断提高，我国铁路对营业线的增建复线、技术改造、新线引入等项工作将会以更快的速度、更大的规模逐步展开，营业线施工的数量也会增加。另外一方面，我国目前大量在建或即将建设的高速铁路与营业线往往并行修建，新建铁路与营业线之间的交叉不可避免。而上述这些施工，又在以不同的方式与每时每刻在营业线上运行的列车互相影响、互相制约，稍有疏忽，就可能酿成大祸，给国家和人民生命财产带来巨大损失或灾难。要在营业线上优质高效地完成施工任务、确保行车安全，施工人员就必须了解营业线施工的有关知识和程序。

二、铁路营业线施工的程序

下面介绍从项目确定、申报审批计划、施工前的准备、登记要点到组织施工的一般程序。

(一)封锁线路、停用设备施工

实现封锁线路的施工，大体分为三个步骤。

1. 实现施工计划的申报审批

需封锁线路施工的铁路营业线施工工程按照其对铁路运输的影响程度又分为三种类型，

分别由铁道部、铁路局、车务段(直属站)分级管理,逐级审批(铁道部铁办〔2005〕133号文件第12条的规定)。施工部门应按相应铁路局的要求,将施工计划报铁路局的主管业务处,属铁路局审批的,主管业务处找运输处商议审批;属铁道部审批的,相应铁路局应于施工前一个月的15日前以"局文"或"局电"上报铁道部审批。

2. 将施工计划列入铁路局的年度和月度施工计划

审批同意的施工计划应由铁路局运输处编入本局年度和月度施工计划。

年度施工计划一般为工期较长或跨年的工程(铁道部铁办〔2005〕133号文件第14条的规定),由施工单位通过铁路局主管业务处于每年2月向铁路局运输处提报。运输处每年3月编制铁路局年度施工计划。

月度施工计划一般是各种封锁施工都应纳入的。施工单位应于每月10日前将次月施工计划报铁路局主管业务处。由主管业务处对施工计划进行审查、汇总并经主管处长批准后,于12日前向运输处提报月度施工计划申请表。运输处每月组织各业务处和主要施工单位召开会议,编制铁路局月度施工计划。

3. 封锁施工命令的下达和施工后的线路开通

列入铁路局月度施工计划的施工,具体封锁施工调度命令的下达和施工后线路的开通按如下程序进行:

(1)施工单位于施工前两日将施工计划报铁路局主管业务处,主管业务处于施工前一日9∶00前向调度所书面提出次日施工计划。

(2)施工调度将提报的次日施工计划与月度施工计划核对无误后编辑成次日施工计划调度命令,经主管领导审批后作为编制调度日班计划的依据。

(3)经批准后的次日施工计划调度命令,在施工前一日的12∶00前下达给有关机务处、运转车长值乘单位和车站,并由铁路局主管业务处通知施工单位。

(4)施工单位在施工开始前40分钟,由施工负责人(或施工单位指定人员)在车站《行车设备施工登记簿》(运统—46)上登记,经车站值班员及时报列车调度员后,由列车调度员向有关车站发布实际施工调度命令。

(5)调度命令发布后车站值班员在《行车调度命令簿》内认真填记,同时用标准的《调度命令》纸抄写调度命令交施工单位负责人。

(6)施工单位在接到车站抄交的施工封锁调度命令后,要认真核对,准备好施工所需的机械设备、劳动工具;组织好施工队伍,明确注意事项;按规定选派技术精、责任心强、懂行车业务的人员担任安全联络员和安全防护员,以便与行车组织部门联系有关施工与列车运行情况和现场防护工作,确保施工安全。要及时按命令的要求在规定的封锁时间内,对设备进行封锁,组织好施工。施工中严禁超范围施工。遇有特殊情况,不能在施工封锁调度命令要求的时间内完成施工任务时,要在命令要求的结束时间前续点登记,重新要续点的调度命令(登记、要令的程序同施工开始时的程序一样)。

(7)施工封锁期间,若车站采用无联锁条件下接发列车的行车组织方式,执行《单双线电话闭塞无联锁接发列车作业标准》(TB/T 1506—92)以及部局其他各有关规定。

(8)施工结束后,要对设备的性能进行试验和工程质量现场验收,确认性能良好和质量合格后及时恢复设备正常使用。同时,经施工和设备主管单位检查线路,确认符合线路临时补修标准和放行列车条件后,由施工负责人(或施工单位指定人员)、设备单位检查人(或设备单位指定人员)在车站《行车设备施工登记簿》上办理开通登记,再经车站值班员签认后,由车站值班员报告列车调度员开通线路。接到列车调度员发布的开通调度命令后,整个施工封锁过程全部结束。

有些施工,如新建线路、旧线大修、线下涵箱顶进等影响线路稳定性的施工结束后,特别是施工后先慢行、然后列车速度逐步提高的工程,要在开通后的一段时间内留有充足人员,不断观察线路的变化,发现问题及时处理,确保行车安全。应强调的是,开通后先慢行然后逐级提速的工程,每次都应按规定在车站的《行车设备施工登记簿》上签认后才可提速。

(二)需列车慢行的施工

需列车慢行的施工,施工单位向运输组织部门提报施工计划、施工前登记、请求调度命令等程序与封锁施工一致,只是接发列车按正常程序执行,列车在施工地段慢行。但需强调的是施工单位在提报施工慢行计划中必须注明线路慢行地段、速度及起止时间。

(三)利用列车间隔时间施工

利用列车间隔时间施工一般不影响行车,行车组织按正常程序办理。但若可能影响设备使用的施工必须在《行车设备施工登记簿》(运统—46)内登记、请求调度命令。

【案例】

(1)事故概况

2010 年 3 月 30 日凌晨,中铁某局福厦铁路(厦门段)立交通道工程项目部施工的福厦铁路(厦门段)董任路立交通道工程在营业线附近进行移梁作业,未按营业线及邻近营业线施工安全管理要求办理施工计划申报及审批手续,私自与中铁某局厦深铁路Ⅰ标项目部协商,利用中铁某局厦深铁路Ⅰ标项目部的施工天窗时间施工,同时,中铁某局厦深铁路Ⅰ标项目部在知情的情况下也未向监理单位、东南公司厦门枢纽指挥部及相关运营单位汇报,造成厦北Ⅱ场二级封锁施工延点,严重影响铁路行车和施工人员人身安全。

(2)事情发生经过

中铁某局福厦铁路(厦门段)立交通道工程项目部施工的董任路立交通道工程,下穿福厦铁路上下行正线,按设计要求需架设 D24 型低高度钢便梁加固上下行正线股道。该项目部得知福厦铁路下行线将于 3 月 30 日凌晨 0 时 20 分至 4 时 50 分封锁线路进行作业,认为如若不利用该天窗时间进行钢便梁卸、移梁作业,需另外向路局申请线路封锁时间。且福厦线正式运行后,动车组车辆多,情况复杂,移梁作业难度大。基于以上原因该项目部决定于下行线封锁期间利用工程线将二组钢便梁卸至福厦铁路下行线(工程线)左侧并将其中 3 片由左侧移至右侧,与中铁某局厦深铁路Ⅰ标项目部签订了占用工程线安全责任协议,并上报卸梁方案。由于采用搭设枕木垛方式人工卸梁,劳动强度大且连续夜间作业,直至 3 月 29 日早上才完成卸梁工作。3 月 29 日与杏林站沟通后,组织劳动力于 3 月 29 日 21 时 00 分进入工程线等待,直到 3 月 30 日凌晨 2 时 20 分跟中铁某局厦深铁路Ⅰ标项目部施工负责人联系确认轨道车开离工程线,并与杏林站联系后,该项目部在未办理申报施工计划及审批手续的情况下利用共用施工天窗时间进行移梁作业;3 月 30 日凌晨 2 时 30 分开始移梁,约 4 时 10 分完成移梁作业,并加固便梁,确保钢便梁不会侵限。中铁某局厦深铁路Ⅰ标项目部作业时间提早至 3 月 30 日 4 时 02 分结束,电务部门向路局申报作业结束开通线路,但厦门工务部门派员到现场检查,发现移梁作业未完,并向上级部门汇报不能开通线路。于 4 时 50 分检查确认无问题后下行线开通。

(3)事故原因

①安全措施不到位。一是未按公司多次现场检查及福厦线联调联试安全专题视频会议提出的要求做好安全检查防范工作;二是未能吸取温福线教训,认真清理站台雨棚吊顶铁丝等杂

物;三是未按要求切实加强施工材料及设备管理,做好施工材料及工机具的存放,四是对成品保护意识不强,未按要求对成品进行保护,五是未按《南昌铁路局营业线施工及安全管理细则》及东南公司相关文件及要求进行施工计划的申报及审批制度,是造成该五起事件发生的直接原因。

②安全教育管理不到位。一是未认真组织记名学习《电气化铁路有关人员电气安全规则》(〔79〕铁机字654号)、《关于开展"反违章、严管理、灭事故、保安全"活动的通知》(东南铁安字〔2010〕132号)、《关于印发〈福厦铁路联调联试及检测试验实施方案〉的通知》(南铁师字〔2009〕1170号)、《关于重新公布〈南昌铁路局杭深线(福建段)施工管理办法(暂行)的〉通知》(南铁安监发〔2009〕224号)、《转发铁道部铁路运输系统作业人员劳动安全关键点控制措施(试行)的通知》(南铁劳〔2000〕393号)、《南昌铁路局营业线施工及安全管理细则》(南铁办〔2008〕222号)、《关于开展营业线施工安全专项整治活动的通知》(东南铁安字〔2010〕133号)、《关于转发南昌铁路局〈关于进一步规范铁路建设营业线施工及安全管理的指导意见〉的通知》(东南安质〔2010〕14号)等相关电气化铁路安全和铁路营业线施工安全管理规定;二是项目部对施工人员考核松弛,未建立严格的奖惩制度,造成职工安全思想麻痹大意,工作责任心不强,检查不细,走过场现象;三是项目部对安全关键点缺乏有效的卡控措施,施工中没有进行安全预想、过程检查、工后落实,造成关键问题没有得到及时发现和解决;四是未认真吸取温福线罗源、宁德、连江站接触网断线事件及3月23日晋江站动车试验车被刮擦事件的教训,没有对施工人员进行针对性教育,是造成该五起事件发生的间接原因。

③项目管理不到位。一是对架子队完成的工作未能及时检查到位,发现完成不彻底的地方未能及时要求整改,工作没有具体落实到人;二是现场安全措施没有落实到位,现场的安全人员未能对可能存在的隐患进行彻底排查;三是工作衔接不到位,中铁某局泉州站房项目部对北京易程科技股份有限公司福厦铁路项目部借用移动脚手架时,未强调对移动脚手架的管理并办理相关书面手续,对接触网的重要性及危险性认识不到位,也是造成该五起事件发生的间接原因。

第二节　铁路营业线施工的安全管理

一、施工各有关单位的安全管理责任

确保施工安全是建设、设计、施工、监理、行车组织、设备管理部门的共同责任。各单位要牢固树立安全意识,严格执行施工的各项规章制度,正确制定施工方案,建立健全安全责任制,落实安全措施和责任,实行责任追究制度。做到分工明确,责任清楚,措施具体,管理到位。

建设单位必须认真按照国家及铁道部有关规定审核设计、施工、监理单位的资质,审查施工单位的工程技术人员、机械设备、施工组织设计、安全生产保障措施等,确保满足安全生产的需要。在建设管理过程中,要充分发挥确保行车安全的主导作用,在设计、工程招投标、审批施工方案、项目经理和有关人员的安全培训、法制教育、工程质量和安全的日常监督检查、工程竣工验收等各个环节上,要做好确保行车安全的组织协调和监督检查工作。

设计单位在设计文件中,必须明确定出施工期间营业线的行车安全条件、施工影响范围内各种行车设备的状况、对所涉及的行车设备的防护措施以及为确保行车安全必须采取的施工工艺和采用的材料等。

因设计原因造成责任行车事故的，设计单位负主要责任，建设单位负重要责任，施工、监理单位的责任视具体情况确定；因擅自变更设计或施工方案造成行车事故的，由擅自变更单位负主要责任，监理单位负重要责任。

施工单位是施工安全的主体，承担施工安全的主体责任。施工单位要严格执行营业线施工的各项规章制度，科学制定施工方案，建立完善的施工安全责任制，落实施工安全措施和责任，严格责任追究；应严格按审定的方案、范围和批准的封锁慢行计划组织施工，认真落实施工安全措施。

因施工造成营业线设备损坏和影响行车安全构成行车事故的，视具体情况，施工单位要承担全部或主要责任；对未经设备管理单位同意或监护人员未到现场擅自施工及违反施工程序、安全技术标准构成的行车事故，施工单位负全部责任。

监理部门要认真履行监理合同，监督施工单位按设计标准和有关规范、规定施工，及时防范施工中的安全隐患，彻底消除因施工质量不良给行车安全留下的隐患。

【案例】2006 年 9 月 19 日 16 时 57 分，43008 次货物列车运行到成都铁路局管内遂那—仙水间 K396＋897 时，线路左侧由中铁某局集团施工完成的挡墙质量不良，遗留隐患，突然坍塌，造成机车及机后第 1、2 位车辆脱轨，机车大破 1 辆，车辆报废 2 辆、大破 1 辆，无人员伤亡，直接经济损失 685 万元。

因施工质量不合格造成行车事故的，施工单位负主要责任，监理单位和建设单位负重要责任。

行车组织部门必须严格按《铁路技术管理规程》的规定及非正常情况下行车组织办法指挥行车。要积极做好施工的组织、协调工作。一般施工要根据施工方案及安全卡控措施，对运输影响较大的施工还要运用“两图一表”（施工方案示意图、施工作业流程计划图、安全关键卡控表）完善施工方案，严格落实施工天窗和封锁、慢行计划，为施工创造条件。

设备管理单位要加强对施工安全和工程质量的监督检查。对施工单位的施工作业进行全过程监督，发现质量不合格及安全隐患要责令施工单位立即纠正，危及行车安全时有权责令其停止施工。

设备管理单位对因自身未履行施工安全协议造成行车事故的，负主要责任；因监督不力发生行车事故的，除追究施工、建设、设计、监理等单位责任外，同时要追究设备管理单位及部门的责任，影响安全成绩。

设备管理单位要加强对施工的点前准备、点中控制、点后开通、逐步提速等情况的监护工作，实行开通、提速检查签认制度。

保证行车安全是建设、设计、施工、监理、行车组织及设备管理单位和部门的共同责任。当施工与行车安全发生矛盾时，要严格遵循“安全第一”的原则，服从行车安全的需要。

【案例】2009 年 6 月 21 日 7 时 25 分，铁三院地质路基处在邯济线进行复线扩能改造工程静力触探施工时，未按与邯济铁路公司签订的安全协议和配合通知单的有关要求，在来提前向邯济铁路公司提报施工作业计划的情况下擅自钻孔施工，将 K134＋400 处通信光电缆挖断，造成邯济线堂邑站一切电话中断，构成铁路交通一般 D 类事故。

【案例】2009 年 6 月 19 日 11 时 23 分，某工程局在南昌局福厦线路基挖土施工时，未与设备管理单位签订施工安全协议，违章蛮干挖断电力电缆，造成鹰厦线厦北所地方电源跳闸，致使厦北一、二场全站停电，11 时 57 分恢复送电，构成铁路交通一般 D 类事故。

二、施工过渡方案及对既有设备的保护

施工过渡是增建双线、新线引入、技术改造、电气化工程等营业线建设项目组织施工和运输配合的重要环节。设计单位要在设计中提出指导性的施工过渡方案，并根据运营情况及施工需要制定安全的过渡措施。施工过渡具体实施方案由施工单位编制，建设、行车组织、设备管理、设计和监理等单位和部门参加审定，报施工领导小组批准后实施。

严禁进路有关道岔未纳入联锁时开放信号，接发列车。营业线站场改造工程中，凡所接入或移动的道岔，必须按信号过渡工程设计、施工，将道岔表示纳入车站联锁后方可开放相应的进出站信号机。否则，只能按非正常情况办理接发列车作业。

设备管理单位应积极协助设计和施工单位核查既有设备情况，提供地下管、线、电缆等隐蔽设施的准确位置。无法提供准确位置时，由设计单位会同施工、设备管理单位（对行车安全影响较大的还必须有铁路局参加）共同探查、核实，划定防护范围，并在签订安全协议时，明确各方安全责任。

【案例】2006 年 7 月 26 日 21 时 48 分，中铁某局集团第四项目部施工队未按与铁通青海分公司签订的安全协议要求，施工前未与铁通公司联系，在铁路光电缆经路擅自施工，将青藏线尕海——陶力间光电缆铲断，造成通信大通道中断事故，影响行车客车 1 列、货车 1 列和红外线 3 处，同时中断正在召开的铁道部运输例会格尔木会场，造成严重影响。

设计和施工单位对既有设施应有可靠的防护措施，防止施工中造成损坏。由于设备管理单位提供的设施位置错误造成损坏的，设备管理单位应承担责任并及时修复；因设计单位提供的设施位置不准确或遗漏造成损坏的，设计单位应负主要责任；提供的设施位置准确，但因施工造成的损坏，施工单位应负主要责任。施工单位和设备管理部门要经常监视既有设备，发现异常必须立即停工处理，确认对既有设备无影响后，方可继续施工。

在施工地段因施工造成既有设备发生损坏时，施工单位应及时组织抢修，设备管理部门应积极配合，尽快恢复正常使用。

【案例】2010 年 3 月 21 日上午 6 时 05 分，某公司福厦铁路项目部在泉州站调整 4 站台大屏使用的移动脚手架（3 月 16 日由客服系统施工单位某公司福厦铁路项目部陈某向某集团公司泉州站房项目部刘某口头借用，华路监理站、中铁建某局书面证明 3 月 20 日客服系统还在使用）没有固定牢固，被风吹倒在接触网承力索上，造成泉州站 10 道接触网承力索在 150# ～160# 杆间烧断 5 股，导致顶溪园牵引变电所 313# 断路器和泉州 AT 所兼开闭所 323# 断路器发生阻抗Ⅰ段跳闸事件，保护装置动作，自动重合闸不成功。经中铁建某局福厦项目部采取“先通后复”的抢修原则接续承力索，达到送电条件，于 9 时 06 分恢复送电。

三、严密防范施工事故

施工单位要严格执行《铁路技术管理规程》、《铁路线路维修规则》、《铁路工务安全规则》、《信号维护规则》、《接触网运行检修规程》、《接触网安全工作规程》和有关规范等各项安全生产规定。对于施工前超范围准备、施工中挖断电缆、爆破损坏行车设备、作业车辆溜逸、轨道车辆违章行驶、施工后线路未达到临时补修标准及放行列车条件违章放行列车、开通后整修线路不及时、机械和料具侵限、违章使用封联线或手摇把等易发事故和可能发生危及行车安全的问题，要制定各项“卡死”制度，坚决杜绝。施工料具要集中管理，必要时派人看守。对影响行车

的各个环节，必须加强管理，落实措施，严密防范，确保行车安全。

【案例】2010年3月20日上午10时49分，某集团公司泉州站房项目部近期雨棚吊顶施工用的ϕ2 mm铁丝在施工完毕后没有及时清理干净，被风吹到接触网承力索上，造成泉州站8道接触网承力索在210#～220#杆间断线，180#～238#间接触网垮塌，承力索断线处烧断12股、拉断7股，导致顶溪园牵引变电所313#断路器和泉州AT所兼开闭所323#断路器发生阻抗Ⅰ段跳闸事件，保护装置动作，自动重合闸成功。经中铁建某局福厦项目部采取"先通后复"的抢修原则接续承力索，达到送电条件，于14时20分恢复送电。

四、施工安全保证体系和施工安全监督体系的建立与运作

1. 施工安全保证体系的理念与要求

施工单位是施工安全的主体，承担施工安全的主体责任。因此，为确保施工安全，施工单位必须建立健全施工安全保证体系。施工安全保证体系主要是要求施工单位提高安全意识，按规定设置安全生产管理机构，配备安全生产管理人员，履行施工安全管理和日常检查的职责；经常对全员进行遵章守纪的教育，建立施工单位内部全面的安全责任制，制定施工安全措施，并认真予以落实。

施工单位必须明确施工负责人。施工负责人对施工项目的安全工作全面负责。因施工原因发生的行车事故，首先要追究施工负责人的责任。

施工负责人应具备必需的施工安全素质。施工项目经理、副经理，安全、技术、质量等主要负责人必须经铁道部（或铁路局）营业线施工安全培训，不允许未经培训或培训不合格的人担任上述工作。

施工单位的安全员、防护员、爆破员、带班人员和工班长必须经过铁路局有关部门培训。未经培训或培训不合格的人员担任上述工作，要追究施工单位领导的责任；培训合格的上述人员担任上述工作时，因业务素质不达标发生事故的，将追究培训部门的责任。

施工单位应严格按审定的方案、范围和批准的封锁慢行计划组织施工，认真落实施工安全措施。

施工单位在施工前，要做好充分准备，并提前向设备管理单位和使用单位进行技术交底，特别是影响行车安全的工程和隐蔽工程；施工中，要严格执行技术标准、作业标准、工艺流程和卡控措施，严禁超范围作业，确保施工质量；施工完成后，必须达到线路临时补修标准和放行列车条件并经设备管理单位确认后，方可申请开通线路。

轨道车、施工机械等自轮运转特种设备上线运行必须符合铁道部的有关规定。施工单位要接受运输、设备管理单位和部门安全检查人员的监督检查，对检查出的问题要立即整改。

封锁施工后新开通的线路，施工单位要加强检查和整修；设备管理单位要加强检查、严格把关，开通后列车运行速度必须按速度阶梯逐步提高。慢行开通后的线路应尽快恢复正常速度，并按有关规定尽快办理交接。

为确保取得设备管理单位对施工的有效配合，施工单位至少在正式施工72 h前向设备管理单位提出施工计划、施工地点及影响范围（设备管理单位接到施工单位的施工请求后，应对施工方案和计划及影响范围进行认真核对，并在施工开始前派员进行施工安全监督）。

施工单位要努力提高科技装备水平，加快大型机械在营业线施工作业的比重，加大对营业线设备的投入，从根本上确保营业线施工安全。

设备管理单位进行影响行车安全的维修作业必须严格执行《铁路技术管理规程》等有关规

定，落实安全责任；对有可能影响其他部门设备安全的，要与有关部门签订安全协议或共同进行联合整治。

2. 施工安全监督体系的建立

广义地讲，营业线施工安全监督体系是一个由多部门、多层次、多专业组成的综合体系。

这里所谓的安全监督体系最主要的是设备管理单位和部门对营业线施工的行车安全监督体系，也就是对营业线(既有线)施工中行车安全工作的监护。这一概念是近年来对许多营业线施工事故教训分析总结后提出的。

在营业线施工时，设备管理单位对施工单位的施工作业进行全过程监督，发现质量不合格及安全隐患要责令施工单位立即纠正，危及行车安全时有权责令其停止施工。设备管理单位对因自身未履行施工安全协议造成行车事故的，负主要责任；因监督不力发生行车事故的，除追究施工、建设、设计、监理等单位责任外，同时要追究设备管理单位及部门的责任，影响安全成绩。设备管理单位要加强对施工的点前准备、点中控制、点后开通、逐步提速等情况的监护工作，实行开通、提速检查签认制度(对于施工后线路开通和开通后慢行中的逐级提速一直到恢复常速，都要进行签认)。

设备管理部门和单位要建立施工安全监督体系。设备管理部门应根据工程规模和专业性质，对安全监督检查人员进行培训，并对合格人员发培训合格证。设备管理单位应加强对本单位派出的安全监督检查人员的管理，要委派熟悉业务的安全监督检查人员持证上岗对各种施工涉及行车安全的各方面实行全程监督检查。安全监督检查人员对施工单位违章作业、安全措施不落实以及危及行车安全的施工，有权停止作业；对封锁施工要根据施工质量，最终确认满足线路Ⅰ临时补修标准和放行列车条件(信、联、闭设备的施工必须通过联锁试验确认正确)后，方可开通线路；线路开通后，对于需要慢行的地段还要对慢行的速度、距离和时间进行检查，督促施工单位进行整修，直到列车恢复常速、线路质量稳定后方准离开。

总之，所谓设备管理单位和部门对营业线施工行车安全的监督实质是以确保行车安全为目的，以落实责任为手段，设备管理单位和部门在营业线施工中与施工单位互相配合，取长补短，拾遗堵漏，自控互控的过程。近年来，营业线施工实践证明铁道部的这个规定在确保行车安全上发挥了重要作用。

为了加强路内车务部门对营业线施工安全的监督，在《铁路营业线施工及安全管理办法》中第四十五条还特别强调："行车部门要加强施工期间行车组织和调度指挥，非正常情况下接发列车，站长(或主管副站长)须到岗监督作业，严格执行作业标准，落实施工安全卡控措施。控制好发布行车命令、确认区间空闲、进路检查确认、行车凭证填写交付、引导信号使用等关键环节。施工开通必须严格执行施工单位、设备管理单位登记开通、车站签认和列车调度员发布开通命令的程序。"

运营单位的安全监督检查及配合费用纳入概(预)算，按铁道部《营业线施工配合费计费暂行标准》(铁建设函〔2002〕52号)的规定和安全协议支付。

为全面加强铁路各部门对营业线施工安全的监督，铁道部还要求："建设单位或负责大修、中修、维修施工项目的管理单位要定期组织行车组织、设备管理、设计、施工、监理等单位和部门对营业线施工安全进行联合检查。"

3. 在安全监督条件下施工部门的运作

2001年以前，施工单位在营业线施工的一般做法是：施工单位与设备管理单位签订安全协议，明确施工范围，划定行车安全责任范围，然后，施工单位组织施工，最后与设备管理单位进行验交。从施工开始至验交，行车安全完全由施工单位负责，设备管理单位没有安全责任。

2001年铁道部《关于加强营业线施工安全管理的规定》颁布实施后，特别是新发布的《铁路营业线施工及安全管理办法》(铁办〔2005〕133号)要求设备管理单位和部门承担相应责任，按照责权对应原则，也被赋予了相应的权利，也就是设备管理单位和部门必须对施工行车安全进行全过程监督。因此施工运作过程也必然发生变化。下面按铁道部最新发布的《铁路营业线施工及安全管理办法》，分施工审批、施工监督控制、设备验交三个方面来说明施工部门的运作过程。

(1)施工审批阶段

规定首先提出："影响行车设备稳定、使用的施工项目必须经过申报批准后才能施工。"经申报批准的施工项目，除紧急的临时施工项目外，必须列入铁路运输部门编制的施工计划。施工计划分为年度施工计划和月度施工计划两种。都要由施工单位报给铁路局的主管业务处进行审查，主管处长批准后才能向铁路局运输处提出年度施工计划或月度施工计划申报表。这里首先由铁路局主管业务处进行把关。

施工单位提报的施工计划应包括：①施工方案；②施工组织设计(其中包括施工安全和质量的保障措施及防护办法和列车运行条件)；③施工安全协议书。其中施工安全协议书应由铁路局主管业务处和安全监察室负责审查，特别是施工安全协议书还要求由施工单位与设备管理单位和行车组织单位分别签订。这实际上是要求铁路局的安全监察室、设备管理单位和行车组织单位都要对营业线施工安全监督把关。营业线设备管理现分二级，即站段级、路局级。站段直接负责营业线设备的养护维修管理，习惯称之为设备管理单位，铁路局相关的业务部门习惯称之为设备管理部门。不同的线别、不同的施工单位、不同的施工项目，各铁路局有不同的审批规定。作为施工单位应首先与有关的设备管理单位接洽，了解掌握营业线施工安全管理的有关规定，研究制订安全可行的施工方案，听取设备管理单位意见后，制定施工计划、填写营业线(既有线)施工审批表，上报路局主管业务处批准。由于主管业务处在审查方案时会提出修改意见，审批的过程有时是一个反复多次的过程，为提高效率，施工单位应认真准备，必要时电话征求路局有关部门意见，争取一次审批通过；而且要根据施工点的安排计划适当提前报批。如果是扰动路基的汛期施工或施工跨汛期，施工方案中还要有汛期施工安全措施并填写汛期施工审批表。汛期施工的审批权限各局有相应规定。通过审批后，行车组织部门安排具体施工点，设备管理单位允许施工单位动既有设备并予以配合和监护。

(2)施工中的监督控制

①施工中的监督控制，是从动既有设备开始到给慢行点或封闭点再到开通、恢复设备正常使用的全过程监督控制。需慢行施工或封闭施工的项目，对行车安全影响较大，为确保安全，设备管理单位和部门在实施安全监督中往往要求高、把关严。特别是在点前准备和点后开通上坚持不具备施工条件的不给点，达不到放行列车条件的不开通。为此，施工单位在给点前还需要做一些严密细致的工作，包括登记填写一些表格。除在车站按规定格式登记外，各铁路局还根据安全需要增加了一些卡控措施。如北京铁路局实施了"两图一表"、施工要点安全控制卡和施工开通安全控制卡制度。

②需设备主管部门批准施工的工程，不需上报路局审批，但应按本表报局设备主管部门备案登记。

③无施工主管部门的施工，必须由建设单位签署意见和要求。

④施工单位报送此表的同时提报施工方案。施工方案应包括以下内容：施工程序、方法、施工安全组织措施、施工资质、施工配合协议、监护协议等。

⑤根据需要,本表可进行放大。

“两图一表”指的是路局批准的一、二级施工,必须具备合格的“两图一表”才能开工,“两图一表”即施工方案示意图、施工流程网络图和关键工序卡控表。一般由路局主管领导组织有关业务部门和施工单位一起进行现场调研,收集资料,根据施工特点、线路状况、车流情况、车站情况、施工能力等确定施工总体方案,然后不断优化、细化形成施工方案示意图和施工流程网络图,根据网络图确定施工中行车、人身安全的关键点,将问题一一列表,制定对策,落实责任人,形成关键工序卡控表。施工、运营等有关单位和部门负责人签字认可后生效。“两图一表”的制定过程是施工方案优化细化的过程,是发现问题、卡控关键的过程,是学习、提高素质的过程,是明晰责任、落实责任的过程。

施工给点安全控制卡和施工开通安全控制卡是设备管理单位和部门对施工单位施工点前准备情况和开通前设备状况进行最终确认的书面表现形式,是向车站索取给点或开通行车调度命令的记名式凭证。实质是责任到人,把住点前准备关和点后开通关。控制卡未经相关设备管理单位签注同意,车站不予给点或开通。

在整个施工过程中,设备管理单位和部门以行车安全为重点,对施工单位进行安全监督,发现问题时向施工单位发出营业线(既有线)施工监护通知书,必要时,责令停工,危及行车安全时,有权实施限速或拦停列车。

⑥监护单位将通知书内容用电话及时上报设备主管部门。

在施工中,施工部门也应按照《铁路营业线施工及安全管理办法》第四十五条的要求,接受行车部门安全监督。

(3)设备验交

设备从施工后开通到恢复正常运用有一个过程,何时进行设备验交,各铁路局对不同的施工项目可能有不同的规定。设备验交的实质是安全责任的转移。为确保顺利交接,设备验交前应积极整修达到相应的标准。施工单位在施工中造成既有设备的损坏或施工中发生延点及安全事故损失在办理验交手续时由施工单位按规定予以赔偿。所以,施工单位要做到文明施工,科学组织,确保在计划点内安全、顺利、高质量地完成施工任务。

为确保设备管理单位与施工单位密切配合,搞好施工安全监督,在《铁路营业线施工及安全管理办法》中的第四十七条进一步明确:“施工单位至少在正式施工72小时前向设备管理单位提出施工计划、施工地点及影响范围。设备管理单位接到施工单位的施工请求后,应对施工方案和计划及影响范围进行认真核对,并在施工开始前派员进行施工安全监督。”

五、加强劳务工的管理

参加营业线施工(包括营业线维修)的劳务工必须由具有带班资格的正式职工(即带班人员)带领。不准劳务工单独上道作业。用工单位对劳务工要进行施工安全培训、法制教育和日常管理;要先培训,培训合格后方可上岗。营业线施工的轨道、桥隧、信号、接触网等技术复杂、可能危及行车安全的作业项目,严禁分包。劳务工不能担任营业线施工的爆破工、施工安全防护员及带班人员等工作,不准单独使用各类作业车辆。由于对劳务工使用管理不严造成行车事故的,列施工单位责任事故,追究施工单位领导及带班人员责任。

六、加强施工中的防洪工作和道口安全工作

切实加强雨季施工安全工作。营业线施工要认真执行铁道部《铁路实施〈中华人民共和国

防汛条例〉细则》，落实防洪措施。施工中必须保持营业线排水系统的畅通，对可能影响营业线路基、桥涵、隧道等设施设备稳定的任何作业，必须有足够可靠的安全防护措施，做到防患于未然。

建设单位要及时组织设计、施工、监理及设备管理等单位和部门，对施工地段联合进行汛前防洪检查，发现问题由设计、施工单位及时处理。

凡可能影响安全渡汛的施工地段，施工单位要认真接受防洪部门的防洪检查和指导，按要求认真落实责任，并制定防洪预案。

施工期间需设置临时道口时，要依照铁道部《设置或拓宽铁路道口人行过道审批办法》(铁道部令第 20 号)办理相关的行政审批手续。施工单位在临时道口设置期间要设人看守，并按规定日期拆除。施工单位在施工中必须保证道口(含临时道口)设备符合标准，并按铁路道口管理有关规定进行管理。对因双线工程造成道口不符合要求的，要修改道口设计，达到道口标准后方可启用，防止道口事故。

【案例】20 t 轮胎式起重机与火车相撞事故

(1)事故概况

1991 年 10 月 10 日，Y 公路工程公司在 JQ 高速公路施工中，发生了一起 20 t 轮胎式起重机与列车相撞事故，造成本单位 1 名职工和列车司机 3 名，共计 4 人死亡。

(2)事故经过

Y 公司将一座与当地铁路正交的分离式立交桥分包给了当地铁路局工程五段。但是，1991 年 10 月 10 日上午 10 时左右，铁路局工程五段请求 Y 公司调一台起重机帮助吊装混凝土拌和机。于是，Y 公司职工 B 就驾驶一辆 20 t 轮胎式起重机(由于 B 在事故中死亡，所以，无法查明是谁派的任务)，沿施工便道前往了立交桥基坑开挖现场(在 YY 铁路两侧)，当行至 JQ 高速路 STA149＋282，即：YY 铁路 DK15＋610 临时道口(修建的立交桥将取代此路口)时，一列当地的前进型“444”号蒸汽机车加挂 3402 次货物列车，疾驰而来，将 20 t 重的起重机撞出 35 m，B 和列车司机、副司机、司炉等 4 人当场死亡。

(3)事故原因分析(主要从公路工程公司方面分析)

①技术方面

(a)B(无起重机驾驶证)通过铁路道口观察不够，开上铁路后正遇火车驶来。

(b)临时道口无人看管(Y 公司已将指挥道口的工作交给了铁路五段，并支付了看管人员工资)。

(c)该临时道口旁，障碍物多，影响起重机驾驶人员的观察视线。

②管理方面

(a)Y 公司安全管理混乱，没有严格的派工制度，不履行正常的派工手续。

(b)疏于对特种作业人员和设备的管理，导致起重机能够由无证人员驾驶。

(c)Y 公司作为总包单位，对分包单位的安全工作以包代管，导致临时道口无人看管。

七、工程材料装卸安全

常用的工程材料，如河沙、片石、钢材等，数量大，需用工程列车运到工地，在装卸的过程中要遵守相应的规定。

(1)施工单位应指派胜任的人员担任卸车的组织工作。列车到达前，装卸负责人应与车站联系，确定卸车到达时间；列车到达后与车长司机商定卸车地点、时间，由车长指挥列车运行。

(2)卸车负责人应在开车前将作业计划、装卸方法及安全注意事项向全体装卸人员交代清楚，同时对人员进行分工并检查工具、信号、照明设备等情况。一般每两个车指定 2 名正式职工担任负责人，负责指挥和检查。

(3)应由卸车负责人通过车长统一指挥车辆，其他人员不得乱指挥。卸车过程中确实需要移动列车时，卸车负责人应先检查卸料情况，确认材料不侵限、堆放稳固、车内余料不偏载时，再通知车长动车。

【案例】2009 年 9 月 30 日 0 时 24 分，北京局津山线汉沽—茶淀间 K210+709 处，某集团公司在钢筋笼吊装作业，而钢筋笼侵限。恰逢此时 1230 次客运列车运行至此处，撞上吊装侵限的钢筋笼停车，造成机车破损及机后 1 位发电车、14 位餐车和 19 位行李车手把杆被刮坏，处理后 0 时 51 分开车，构成铁路交通一般 C 类事故。

(4)卸车时为了防止列车掉道，防止影响邻线行车，防止造成人员伤亡，要做到“六不卸”、“一禁止”：

①未到卸车地点、未确认卸车信号不卸。

②遇道口、无砟桥、影响信号导管及已卸大堆材料处不卸。

③夜间及隧道内无充足照明不卸。

④遇暴风雨、雪不卸。

⑤邻线来车及卸车线比邻线高时，在邻线一侧不卸。

⑥车辆启动时不卸。

⑦对于片石、钢轨等笨重材料禁止边走边卸。

(5)卸车完毕，要做到“四不开”：

①每次卸完车后，未清好道或料具堆放不稳固时不开。

②车门未关好，装卸人员未到齐或上车后未坐稳扶牢不开车。

③车内余料偏载未整理好不开车。

④装卸负责人未发出卸车完毕的通知时不开车。

(6)卸料后要将料具堆码、安放牢固，不得侵限。在调车作业的站内施工时，严禁在两股道间堆放料具。

八、工程验收与交接

营业线基建、更新改造项目的施工必须遵照“建成一段，投产一段”的原则，及时验收交接、拨接开通。未经验收合格的工程不得拨接开通使用。

施工单位要严格按批准的设计文件和施工方案进行施工，确保工程质量。基建、更新改造项目必须达到设计规范、施工规范和《工程质量检验评定标准》要求，且竣工资料齐全后方可申请验交开通。工程经检查后，纠正工程的缺点和缺陷工作未完成的，不准验收。行车组织、设备管理部门要提前做好各项接管准备工作，对新增人员提前进行培训，提前调配到位。

营业线的铁路建设项目施工，工程完成并达到设计要求后，施工单位要及时向建设单位提出验收交接申请；建设单位按照铁道部《铁路建设项目竣工验收交接办法》，可采取单项工程验交、部分验交和全部验交的办法及时组织工程验收交接。验收交接工作要在开通使用前进行，且必须有施工领导小组成员参加。竣工验收交接后，方能正式移交使用单位运营或投产使用，未办理验收交接或验收不合格的工程一律不得交付使用；否则，将追究施工领导小组责任。

铁路建设项目新线施工中的正、站线线路在验交开通前要经过机车多次轧道(正线轧道

50 次、站线轧道 30 次)、检查、整修或大型养路机械整道,直至达到《工程质量检验评定标准》要求,经竣工验收交接后方可开通。凡正式办理验交手续的线路及设备,均应由设备管理单位负责维修养护。

对不能预先轧道的线路、道岔施工,由施工领导小组成员单位联合检查并确认达到《工程质量检验评定标准》要求,经竣工验收交接后方可开通。开通后第一趟列车不准为旅客列车。

开通后由施工、运营接管单位共管。共管期间施工单位要及时检查整修;接管单位要密切配合,加强监督检查和安全把关,必要时要参与整修(运营接管单位参与检查整修提速的费用由施工单位按规定支付);开通 24 h 运营单位必须接管,并使其尽快达到规定的允许列车速度。

车站电气集中设备施工后,必须进行联锁试验,试验合格后方可开通使用。严禁利用列车间隔进行联锁试验。

第三节 铁路营业线施工中的行车安全工作

一、施工准备阶段中的安全工作

施工准备阶段是做好施工安全基础工作的重要阶段。做好这一阶段的安全工作,就为施工中的各项安全工作始终处于受控状态创造了条件。一般讲,这一阶段的安全工作主要包括以下内容:

(1)根据设计交底、现场调查情况和有关施工安全的政策法规,核对设计文件、设计图纸。由于个别工程设计周期较长,可能会出现与新实行的法规政策不符或者地质情况与设计不符,按原设计施工可能会给行车安全带来隐患以及其他等方面的原因,需要从施工安全的角度对设计文件、图纸进行认真复核。

(2)与设备管理单位共同调查确认各类地下管线、隐蔽建筑物的位置、各类建筑物的限界现状。

各类地下设施和各种限界现状是影响施工安全的重要因素之一,施工单位必须弄清这些情况。如地下设施埋设年代久远,设备管理单位确实无法提出其准确位置时,施工单位也应采取仪器探测、人工探测等方法进行调查,严禁盲目动用机械施工。

(3)了解掌握施工地点所在铁路局的《行车组织规则》、《铁路营业线施工及安全管理办法实施细则》、相关车站的《铁路车站行车工作细则》等有关行车和施工安全的规章及规定。

施工单位在执行铁道部有关既有线施工安全规章的同时,还必须执行所在铁路局关于行车组织、行车安全的有关规定。因此,在施工前有必要全面了解掌握这方面的要求。

(4)编制施工组织设计、施工过渡具体实施方案。

在编制施工方案和施工过渡实施方案时,除按设计文件的要求之外,还必须考虑到确保营业线的行车安全。

(5)制定施工安全措施,建立各岗位安全生产责任制和日常安全管理检查制度。

施工安全措施除对各施工作业环节提出具体安全措施之外,还要明确管理者、检查者、执行者等岗位的安全责任,建立日常安全例会检查制度、事故及险情的责任追究和经济处罚制度等。

(6)按规定程序申报审批施工用的临时道口、电力、通信、动火、爆破、排水等项手续。有些施工单位虽具备相应资质,但不能代替使用手续,必须到相关部门申报审批。

(7)向参与施工的人员进行技术交底和安全培训教育，必要时还应进行专门的培训，考试合格后，持证上岗。

(8)向设备管理、使用单位进行技术交底。

对采用几次过渡或长期过渡施工的项目及对行车干扰较大的项目，必须事先向设备管理、使用单位进行技术交底。

(9)与设备管理单位和行车组织单位分别签订施工安全协议书。

施工安全协议书应包括：①工程概况(施工项目、作业内容、地点和时间、影响范围)；②施工责任地段和期限；③双方所遵循的技术标准、规程和规范；④安全防护内容、措施及专业结合部安全分工(根据工点、专业实际情况，由双方制定具体条款)；⑤双方安全责任、权利和义务(包括共同安全职责和双方各自安全职责)；⑥违约责任和经济赔偿办法(包括发生行车责任事故时双方所承担的法律责任)；⑦安全监督和配合费用；⑧法律法规规定的其他内容。施工单位提报的安全协议书，由铁路局主管业务处和安全监察室负责审查。

(10)向运输部门提报长期施工封锁慢行计划。

提前提报长期封锁慢行计划，便于铁道部、铁路局按管理权限，平衡全年施工计划。除上述工作外，根据不同情况还可以向建设单位或设备管理单位提出需要配合施工的计划、大型施工机械或大宗建筑材料分期运输转线进场计划、工程列车的各种修程计划，以及工程列车转移需要指导司机带道计划等等。

二、施工作业登记

施工作业登记指的是施工作业前施工单位在车站专用记录本上将施工作业有关情况进行登记的做法，按《铁路技术管理规程》第二百八十四条应在《行车设备检查登记簿》“线路道岔信号集中闭塞及通信设备检查登记簿”内登记。该表格是铁道部 1956 年颁布的格式。从表格形式看，适合于行车设备发生故障现象、通知、消除等情况的填写。2005 年铁道部印发的《铁路营业线施工及安全管理办法》中，明确规定了全路统一的《行车设备施工登记簿》(运统—46)。我们应按《铁路营业线施工及安全管理办法》的要求进行施工作业登记。

施工登记是行车调度发布实际施工命令的依据，而施工登记的前提是该施工项目已列入了月度施工计划(除非是防洪、抢险、事故处理等紧急的临时施工不能列入月度施工计划)。施工单位应于正式施工前两日将施工项目的具体施工计划报铁路局主管业务处，由主管业务处于施工前一日的 9：00 前书面提报调度所，由调度所主管领导审批。获准的次日施工计划，调度将调度命令于施工前一日的 12：00 前下达给车站、机务段等有关单位；同时，也由铁路局的主管业务处通知施工单位。

施工开始前 40 分钟，由施工负责人(或施工单位指定人员)在车站的《行车设备施工登记簿》上登记“请求施工”，随之设备单位检查人、车站值班员签认后，由车站值班员报告列车调度请求实际施工调度命令，再由列车调度员向有关车站发布实际施工调度命令。

施工前，施工负责人(或施工单位指定人员)在《行车设备施工登记簿》上登记的是第一栏，即“请求施工(慢行及封锁)登记”一栏。具体是下述内容的前五项(第六项、第七项由相应人员签认)：

(1)本月施工编号；

(2)施工项目；

(3)请求施工登记时间(月、日、时、分)；

(4)施工影响的范围(需要的慢行或封锁条件)；

(5)施工负责人(或施工单位指定人员)签名；

(6)设备单位检查人(或设备单位指定人员)签名；

(7)车站值班员签名。

“请求施工(慢行及封锁)登记”一栏填好后，由车站值班员及时报列车调度员，再由列车调度员向有关车站发布实际施工调度命令。

接到实际施工调度命令后，施工负责人(或施工单位指定人员)、设备单位检查人和车站值班员应在《行车设备施工登记簿》“承认施工”一栏(即第二栏)签认。

施工作业完成后，经施工单位和设备主管单位检查达到线路临时补修标准和放行列车条件后，由施工负责人(或施工单位指定人员)会同设备单位检查人到车站办理开通登记。这次要填写《行车设备施工登记簿》的第三栏，即“施工后开通检查确认、销记”一栏。先由施工负责人(或指定人员)填写“销点时间”和“恢复使用范围和条件(开通后恢复常速确认)”；再由设备单位检查人和车站值班员签认；接着由车站值班员向列车调度报告“请求开通”；最后由列车调度员发布“开通(恢复常速)调度命令”。

接到“施工开通调度命令”后，施工负责人(或施工单位指定人员)、设备单位检查人(或设备单位指定人员)和车站值班员均应在《行车设备施工登记簿》的第四栏即“施工开通”一栏中签认。

应当强调的是：如果封锁施工后开通的线路是先慢行、再逐级提速，则每一次提速都要先由施工单位和设备单位对欲提速的线路进行检查，确认合格后在第三栏“施工后开通检查确认、销记”填写签认，再由车站值班员签认后报告列车调度员“请求提速”，尔后由列车调度员发布提速命令。施工负责人(或施工单位指定人员)、设备单位检查人、车站值班员接到线路提到所要求速度的提速命令后，都应在《行车设备施工登记簿》的第四栏即“施工开通”一栏签认。如此才算完成一次线路提速。

三、施工过程中的安全工作

施工过程中的安全工作是整个施工安全最重要的环节，由于每一处施工的具体情况不同，不可能将所有情况一一说明，下面将一些常见的通用工作内容分别叙述如下。

1. 利用列车间隔施工

(1)选派经培训考试合格发证后的胜任人员担任驻站联络员和工地防护员。其工作程序执行《铁路工务安全规则》第 2.2.16 条的规定。

(2)施工过程中必须确保列车能随时以规定速度安全通过施工现场。一旦发生意外，必须中断行车时，按《铁路技术管理规程》有关规定设好防护，并通知两端车站封锁区间，遇有列车开来时，及时将列车拦停在故障地点以外。

2. 利用封锁线路进行施工作业

(1)按规定设好驻站联络员和工地防护员。

(2)按照放行列车条件和有关规定，做好封锁线路前的各项准备工作。严禁扩大准备作业范围，特别要注意确保封锁前最后一趟列车安全通过施工现场。

(3)由驻站联络员根据批准的施工方案，通过车站值班员向列车调度员申请发布封锁区间的命令，并在行车设备检查登记簿上办理登记手续。在明确得到封锁区间的调度命令后，施工负责人首先下达设好各项防护措施的命令，然后下达开始封锁线路进行施工的命令。

(4)在双线地段进行封锁线路施工时，应随时检查作业人员和各种材料机具是否侵入邻线限界。

(5)封锁结束开通区间前，施工领导人应会同设备管理单位的安全监督员全面检查线桥等行车设备是否达到开通的条件，材料、机具是否撤除限界之外并且不侵入邻线，工程列车是否全部撤离封锁区间，然后先下达撤除停车防护措施的命令，再下达开通区间的命令。驻站联络员在行车设备检查登记簿上办理销记手续后，由列车调度员下达开通区间的命令。

(6)如遇特殊情况不能按计划开通区间时，施工负责人必须提前向车站值班员并通过车站值班员报告列车调度员，同时组织力量尽快开通区间。

(7)利用封锁区间进行爆破作业时，开通区间前除全面清除影响行车的障碍物外，还必须确认没有哑炮，方可开通区间。

(8)利用封锁区间进行破坏线路稳定性的作业开通之后，必须留有足够人员进行线路巡养。

(9)利用封锁线路或停电进行多专业多单位参加的较大规模的施工时，必须指定一个施工单位负责办理封锁登销记手续，严禁多头办理登销记手续。

(10)对施工过渡的临时设备要有可靠的安全防护措施，确保其正常使用，对预先不能压道的调边地段，开通首列不允许由客车担当，并按规定慢行。

(11)对联锁设备进行安装调试时，必须遵守一人指挥、一人操作、一种方式控制道岔的施工原则。

3. 采用便线、便桥施工架设作业

(1)设专人负责对便线便桥和施工架设上的线路进行检查保养维修，做到临时补修不过夜。

(2)设专人对便桥、施工架设等临时结构进行定期检查，及时消除各种隐患和薄弱处所。

(3)经常对便线路基、便桥、桥头路基、施工架设基础等薄弱环节进行重点检查。当上述设备因需要必须渡汛时，还必须保证其汛期安全。

4. 与营业线相邻修建复线，或在营业线进行路基防护工程施工，铺设各类管线、修建各种建筑物

(1)采取可靠措施防止各类机具材料运输工具侵入限界。

(2)施工过程中必须保持线路两侧排水系统处于正常使用状态。

(3)采取可靠措施，有效防止破坏路基稳定，破坏调节河流建筑物等问题的发生。

(4)采取可靠措施防止挖断电缆。

【案例】2006 年 7 月 26 日 9 时 57 分，中铁某局第三项目部施工队在未按与铁通青海分公司签订的安全协议要求，施工前未与铁通公司联系在铁路光电缆经路擅自施工，将兰青线大峡—杏园间综合光电缆铲断，造成通信大通道中断事故，影响行车上行 11 列(包括客车 5 列)、下行 7 列(包括客车 1 列)。经铁路安全监察部门分析，定责为该项目部，定性为行车一般事故。

(5)采用爆破施工对营业线行车安全构成威胁时，必须办理封锁线路手续，严禁施工单位擅自利用列车间隔进行爆破作业。

5. 加强对施工临时道口的管理

(1)按规定程序办理铺设临时道口的手续。

(2)按批准的时间铺设和拆除临时道口。

(3)按标准配齐道口防护设施，并派专人管理，看守临时道口。

6. 施工中应尽量避免损坏营业线行车设备。确因施工需要必须拆除或影响部分设备正常使用时，必须经有关单位批准，并配合施工。施工结束后立即恢复。

7. 搞好施工过渡方案，加强施工安全控制。施工过渡是增建复线、新线引入、技术改造、电气化工程等营业线大中型建设项目组织施工和运输配合的重要环节。设计单位要在设计中提出指导性的施工过渡计划方案，并根据运营情况及施工需要制定安全的过渡措施。施工过渡具体实施方案由施工单位编制，建设、行车组织、设备管理、设计和监理等单位和部门参加审定，报施工安全领导小组批准后实施。

8. 切实加强雨季施工防洪工作。营业线施工要认真执行铁道部《铁路实施〈中华人民共和国防汛条例〉细则》(铁体法〔1992〕97号)，落实防洪措施。施工中必须保持营业线排水系统的畅通，对可能影响营业线路基、桥涵、隧道等设施设备稳定的任何作业，必须有足够可靠的安全防护措施，防患于未然。

建设单位要及时组织设计、施工、监理及设备管理等单位和部门，对施工地段联合进行汛前防洪检查，发现问题由设计、施工单位及时处理。

凡可能影响安全渡汛的施工地段，施工单位要认真接受防洪部门的防洪检查和建议，按要求认真落实责任，安排好抢险的人力、物资、机具和设备。

防洪工作的安全要点如下：

(1)施工单位应在汛期到来之前制定防洪措施，建立防洪组织，明确人员分工，准备充足的草袋、土、枕木等防洪材料。

(2)施工单位应在汛前对影响路基稳定和侵占河道阻碍防洪的工程进行检查，必要时会同工务部门共同确定汛前必须处理的项目并限期完成。

(3)按规定完成防洪工程，凡是确定为防洪工程或按防洪工程抢险的工程，一般要在汛期到来之前完成。

(4)清理既有线的排水设施，消除沿线的危石，对影响河床排洪的基础围堰等要在雨季之前清除，施工中破坏的既有线排水设施要在汛期前恢复。

(5)合理安排汛期施工。对影响既有线路基稳定的工程尽可能避开雨季施工，对邻近既有线的山坡、路堑已经开挖的地段，要加快施工进度，赶在汛期前完成。

(6)桥涵工程雨季施工，必须制定周密的安全措施，保证基坑、工作坑抽排水设备正常工作。暴雨时应加强对既有线变化的监测，并派专人日夜监护，随时准备抢修。

9. 加强劳务工的管理。参加营业线施工的劳务工必须由正式职工带领。对劳务工要进行安全培训、法制教育，加强治安管理，先培训，后上岗。营业线施工的轨道、桥隧、信号、接触网等技术复杂、可能危及行车安全的作业项目，严禁分包给不具备相应资质的单位承担。劳务工不能担任营业线施工的爆破工或施工安全防护员等工种，不准单独使用各类作业车辆。由于对劳务工使用管理不严造成行车事故的，列施工单位责任事故，追究施工单位责任。

10. 加强危险品运输存放和使用的管理。

11. 施工单位要定期召开安全生产分析会，研究布置安全工作，施工单位的安质部门应经常深入工地，检查施工过程中的问题和隐患，并督促其整改。

四、工程开通及验交前的安全工作

(1)施工单位严格按批准的设计文件和施工方案进行施工，确保施工质量。在进行自验预验的基础上，按规定备齐所有验收资料后方可申请验收。纠正工程的缺点和缺陷工作未完成者不许验收。

(2)工程开通必须符合放行列车条件，且轨道无超过临时补修标准的处所。

(3)电气集中及区间闭塞设备的施工，必须进行全面彻底联锁试验确认无误后方可开通使用。

(4)新设备开通使用时，应由验收委员会或设备使用单位的上级主管部门或铁路局、铁路局指定的部门，发布开通使用的电报。

《铁路营业线施工安全管理规定》对验收交接还有如下规定：

①第三十一条规定，营业线基建、更新改造项目的施工必须遵照“建成一段，投产一段”的原则，及时验收交接、拨接开通。未经验收合格的工程不得拨接开通使用。

②第三十二条规定，施工单位要严格按批准的设计文件和施工方案进行施工，确保工程质量。

基建、更新改造项目必须达到设计规范、施工规范和《工程质量检验评定标准》要求且竣工资料齐全后方可申请验交开通。工程经检查后，纠正工程的缺点和缺陷工作未完成的，不准验收。

行车组织、设备管理部门要提前做好各项接管准备工作，对新增人员提前进行培训，提前调配到位。

③第三十三条规定，营业线的铁路建设项目施工，工程完成并达到设计要求后，施工单位要及时向建设单位提出验收交接申请；建设单位按照《铁路建设项目竣工验收交接办法》(铁建设〔2001〕117 号)可采取单项工程验交、部分验交和全部验交的办法及时组织工程验收交接。验收交接工作要在开通使用前进行且必须有施工安全领导小组成员参加。建设单位组织竣工验收交接后，方能正式移交使用单位运营或投产使用，未办理验收交接或验收不合格的工程一律不得交付使用，否则，将追究施工领导小组责任。

④第三十四条规定，铁路建设项目施工中的正、站线线路在验交开通前要经过机车多次轧道(正线轧道 50 次、站线轧道 30 次)、检查、整修或大型养路机械整道，直至达到《工程质量检验评定标准》要求，经竣工验收交接后方可开通。凡正式办理验交手续的线路及设备，均应由设备管理单位负责维修养护。

对不能预先轧道的线路、道岔，由施工安全领导小组成员单位联合检查并确认达到《工程质量检验评定标准》要求，经竣工验收交接后方可开通。开通后第一趟列车不准为旅客列车。

开通后由施工、运营接管单位共管。共管期间施工单位要及时检查整修；接管单位要密切配合，加强监督检查和安全把关，必要时要参与整修(运营接管单位参与检查整修的费用由施工单位按规定支付)，开通 24 h 运营单位必须接管，并使其尽快达到规定的允许列车速度。

⑤第三十五条规定，电气集中及区间闭塞设备的施工后必须进行联锁试验，试验合格后方可开通使用。严禁利用列车间隔进行联锁试验。

这些规定都要认真执行。

五、因施工发生的非正常情况下的安全措施和行车作业办法

一般讲，非正常情况是指由于受到外界干扰、施工作业、临时故障、区间插入临时设备等因素致使行车设备不能正常使用或不能按正常条件办理行车的特殊情况。车、机、工、电、辆、供电等各部门均有各自非正常作业的含义和范围。这里主要介绍由于施工作业或施工过渡引起

的非正常情况下的安全措施和行车作业办法。

(一)施工单位在非正常情况时应注意的几个主要问题

1. 因施工作业损坏行车设备及影响其正常使用时

接到车站的有关通知后,施工单位应首先在行车设备检查登记簿上办理登记手续,注明设备现状、影响范围等,然后立即查找设备故障的原因,尽快消除故障,恢复设备正常使用,如因各种原因不能及时排除故障时,应要求车站改用非正常情况下的行车作业办法。

2. 因施工过渡采用未纳入联锁的道岔时

首先施工单位应与车站共同明确影响设备正常使用的范围,明确双方安全管理责任。如施工单位不能提供准确的影响范围时,还应请相关设备管理单位协助说明影响范围。在无岔区段,临时插入的非联锁道岔,由工程部门负责将道岔钉固钩锁在开通定位,并派人昼夜看护。

3. 因施工需要在自动闭塞区间插入非联锁道岔时

施工单位插入非联锁道岔过渡方案必须按管理权限逐级审批。道岔插入后,由施工单位负责道岔的日常养护维修钩锁钉固,车务部门负责加锁。当道岔需要变位时,先由车站开锁,再由施工单位拨道岔,然后由施工单位和车站共同检查确认道岔使用位置,确认无误后,施工单位负责钩锁钉固,车站负责加锁。区间插入的非联锁道岔必须安装锁闭装置,并由施工单位派人昼夜看护,随时检查设备状态。

4. 停电施工时

因施工需要,在车站的全部设备或部分设备失去联锁作用的条件下作业时,必须按批准的施工方案、临时电报的具体要求进行。遇特殊情况来不及纳入月度施工方案时,也必须请求列车调度员,下达同意施工的调度命令后方可进行。同时,施工单位应将影响范围及时通知有关设备管理单位,如道口自动通知、红外线轴温探测等,以便使这些相关单位及时采取防范措施,确保行车安全。

5. 在电化铁路进行有碍行车的临时作业时

除向列车调度员申请调度命令批准外,还必须视具体情况向供电调度申请停电及派人配合施工,得到批准后方可作业。

(二)车站在因施工作业造成的非正常情况下行车作业时应注意的几个主要问题

(1)对纳入月度施工方案和以电报批准的施工,在会签施工方案时,必须明确施工的影响范围,必须与施工单位签订分工明确的安全协议,同时,制定配合施工的具体安全措施并对有关人员进行培训和演练。

(2)当车站全部或部分设备处于无联锁状态时,车站的接发列车和调车作业程序执行部标TB/T 1506—92《单双线电话闭塞无联锁接发列车作业标准》、《铁路技术管理规程》、《行车组织规则》、《铁路车站行车工作细则》的有关要求,道岔的钉拨、钉固、钩锁执行施工方案和双方安全协议的有关要求。

(3)认真做好车机联控工作,其标准执行《铁路技术管理规程》、铁道部铁安监〔2000〕68号文件、《行车组织规则》、《铁路车站行车工作细则》中的有关规定。

【案例】2009年9月17日,北京西至太原的D2009次动车组(太原局CRH5型055/046号重联)运行至石太客专下行线井陉北—阳泉北间K89+880处太行山隧道内,撞上一架侵入运行方向右侧限界的“人”字形铝合金梯子,14时51分停于K91+211处,经检查动车组状态良好,15时15分开车,构成铁路交通一般C类事故。造成该起事故的原因是:中铁某局石太客专Z4标段项目部在未与设备管理单位签订施工安全协议、未在石太客专调度台及阳泉北站进行施工登记、也未与监理公司认真进行技术交底并通知其到现场监理的情况下,违法进行横通道渗水整修，施工结束后未按规定将施工工具清理出施工现场，而是将施工用人字梯斜靠在横通道(连接上下行线)内东墙壁上，由于列车通过时通道内风力极强，梯子在风力的作用下逐渐移动侵入限界，被通过的 D2009 次动车组碰撞。

第四节 营业线施工防护

一、营业线上施工的一般要求

(一)营业线上施工应该遵守的基本条件

1. 保证行车设备处于完好状态

一条铁路的线路、桥涵、隧道、房屋等是列车运行的基础，通信、信号及其他相关的设备是保证列车连续安全正点运行的技术设施，其状态的好坏直接影响着行车的安全和运输效率。而在营业线上施工时，不可避免的要将某些建筑物和行车设备有所移动或更换，有时还需要变动行车设备(如信号机等)的使用条件，也可能发生行车设备不慎被损坏的情况，使行车设备或设备功能、使用条件发生变化，影响列车的安全运行，甚至造成行车事故。因此，在施工前施工单位应缜密调查、认真考虑，并应与设备产权单位和使用单位取得联系，共同商定一个既能确保行车安全而又能保证施工进度的得力措施。

2. 严格执行铁路限界的规定

为了保证机车、车辆在线路上安全运行，必须对邻近线路周围的建筑物和设备，以及机车、车辆本身规定一个不得侵入或超出的轮廓尺寸，使两者之间保持一定的安全距离，这个轮廓尺寸就是限界。

铁路限界包括建筑接近限界和机车车辆限界两大类，建筑接近限界又包括直线建筑接近限界和隧道、桥梁建筑限界，机车车辆限界又包括机车车辆限界和通过车辆减速器的机车车辆下部限界。具体的尺寸可以查阅《铁路技术管理规程》。

为了保证行车及施工的安全，施工人员必须熟悉、掌握这些限界，以便在搭设脚手架、堆放料具、土方机械施工、临时供电线路架设时，都能按《铁路技术管理规程》、《铁路工务安全规则》关于铁路限界的规定执行。

3. 正确及时地显示和使用信号

信号是指示列车运行和调车工作的命令，是实现铁路运输安全、正点和不间断运行的重要保证，除行车人员必须严格按照信号指示进行工作外，施工单位在施工中不论是办理封锁还是利用列车间隔施工，均应按照《铁路技术管理规程》的有关规定，备齐各种信号设备和标志并正确、及时地显示和使用信号，以防止造成行车混乱和行车事故。

(二)营业线上施工组织的一般要求

1. 编制好施工方案

凡是涉及行车安全的施工(如邻近既有线的爆破、桥涵顶进、隧道改建、拨接、站场改建等)，都应该编制施工方案，在编制施工方案时要认真调查研究，以保证行车安全为前提，根据场地条件、劳力、机械设备、行车特点、工期等，选定施工、运营两兼顾的合理的施工方法，经上级主管部门及有关部门审查确认后，编入施工计划和运输计划，经行车调度命令批准后方可施工。

2. 对作业人员进行体检和培训

在营业线上施工，应对全体作业人员(包括协作队伍和临时用工)，特别是防护人员和生产指挥人员进行体格检查和技术培训。有耳聋、色盲等缺陷的人员不得参与施工,要对施工人员进行营业线施工知识的培训,经考核合格方准上岗。

3. 精心组织材料的装卸

在施工中要经常装卸沙、轨料等工程材料,而且数量大、品种多,如操作、堆放不当将直接影响行车的安全,因此,应建立相应的管理制度,编制操作规程,在作业过程中严格执行。

4. 竣工后及时验交并开通线路

各项工程均应按照有关的施工规范和工艺要求施工,竣工后施工单位要对照标准进行自验,自验合格后,应及时办理交验手续、投入运营,尽早发挥投资效益。

(三)临时设施侵入建筑限界的相关要求

(1)必须绘制施工临时行车限界断面图,报请所在区段铁路局审批。施工临时限界不得小于机车车辆上部限界(包括左右及上边)各加 150 mm。

(2)施工临时行车限界被批准后,施工单位应编制临时限界检查架,定期检查,防止施工机具、脚手架等超限。为了防止超限列车进入施工区段,必要时由施工单位在施工地段两端按照批准的限界设置限界检查门,用以检查列车是否超限。

(3)施工区间如对限界有要求,应尽量控制超限列车的通过,但因需要必须通过超限列车时,所在区段的铁路局应提前通知施工单位按照超限列车的等级拆除脚手架等障碍物,并进行净空检查。

(四)封锁及慢行计划的审批和执行

1. 计划审批

施工需要封锁区间或限制行车速度的工程项目,施工单位要提前一个月提出具体的作业计划申请,经所在地的铁路局批复,并在施工前向所在车站办理要点手续,具体的施工起止时刻,应以当天车站值班员传达的调度命令为准。

2. 计划的执行

(1)领导工作

凡进行既有线正、站线拨接转线开通作业,视工程量及复杂程度,由公司经理(工程处长)或由公司(工程处)派人现场指挥;技术复杂、影响运输、关系重大的拨接开通作业,局(集团公司)要亲自指挥。

(2)组织工作

封锁区间或限速运行的施工作业区段,作业前必须指定施工负责人,并在进行书面交底、制定工艺细则、明确岗位职责、进行技术培训后,按照批准的计划执行。要严格执行调度命令,不准超过给点时间。开工前要按规定设置防护,作业完成后,经检查质量能够确保行车安全方可开通。如不能按时开通或达不到质量要求不能开通时,应提前通知车站值班员,要求延长时间。

应配备经培训考试合格的驻站联络员和工地防护员。每一施工点的工地防护人员不少于 3 人(其中守电话 1 人,线路两端各派 1 人),驻站联络员 2 人,视线不良时还应增设中间联络员。施工地点与相邻车站应有可靠的电话联络,并做好记录。

3. 执行

施工地点发生有妨碍行车安全情况时,施工负责人除采取紧急措施排除故障外,并应立即命令防护员显示停车信号,通知驻站联络员转告车站值班员拦停列车。

每次施工收工前,施工负责人应组织对本工点进行详细检查,确认符合放行条件时,才准撤除防护。当施工负责人发出停止作业的命令时，施工人员应停止作业撤到限界以外的安全地点。

二、营业线上的施工防护

为了确保行车安全和作业人员的人身安全，在营业线上施工，必须按照有关规定设置防护。营业线上的施工防护条件包括利用列车间隔施工防护、限制行车速度施工防护和封锁线路施工防护三种类型。

(一)防护信号

铁路防护信号分为视觉信号和听觉信号。

1. 视觉信号

红色——停车；黄色——注意或减速；绿色——按规定速度运行。视觉信号分为昼间、夜间和昼夜通用信号。在昼间遇大雾等情况，使停车信号显示距离不足 1 000 m，注意或减速信号显示距离不足 400 m，应使用夜间信号。在隧道内施工只使用夜间和昼夜通用信号。

2. 听觉信号

号角、口笛、响墩发出的声响和机车、轨道车的鸣笛声。

3. 手信号

(1)停车信号：昼间——展开的红色信号旗，夜间——红色灯光。在昼间无红色信号旗时，两臂高举头上向两侧急剧摇动；夜间无红色灯光时，用白色灯光上下急剧摇动。

(2)减速信号：昼间——展开的黄色信号旗，夜间——黄色灯光。昼间无黄色信号旗时，用绿色信号旗下压数次；夜间无黄色灯光时，用白色或绿色灯光下压数次。

4. 施工移动信号标志及使用

(1)作业标

作业标设在施工线路及邻近线距离施工地点 500～1 000 m 处，司机见此标志要警惕并长声鸣笛。

(2)减速信号

昼间——黄色圆牌，夜间——柱上黄色灯光。减速信号牌应标明每小时限速的千米数。施工及其限速区段要在减速信号牌前方按不同等级的制动距离增设特快旅客列车减速信号牌，昼间和夜间都为反光膜黄底黑“T”字圆牌。

(3)减速地点标

设在需要减速的地点的两端各 20 m 处。

(4)停车信号牌

设在施工地点两端各 20 m 处的线路中心，夜间为柱上红色灯光。

(二)防护办法

我国采用左侧行车制，各种信号标志都设在列车前进方向的左侧。

(1)在不需要以停车信号或移动减速信号防护的区间线路上作业，应在施工地点两端 500～1 000 m 处列车运行方向的左侧(双线在线路外侧)路肩上设置作业标。

(2)在营业线上施工，如工作量不大、临时性的施工，如个别更换钢轨夹板、使用弯轨器调直钢轨、单根抽换枕木、转移笨重施工机械跨越线路等可以利用列车间隔时间施工。施工前，施工负责人应将施工项目、地点及所需的时间等情况，经由车站值班员向行调申请，行调以命令的形式把准许施工的起止时间通知两端车站值班员及施工负责人，施工负责人确认施工起止时刻后，设好防护(使用停车手信号)。必须在准许施工时刻终了前完成所有的施工，并将线路恢复到正常行车条件，撤除防护信号，通知车站值班员。

(3)在营业线上进行拨道、拨道量不超过 100 mm，进行扣(吊)轨、修建或拆除路肩挡墙、挖基、砌筑基础工程、桥涵顶进等施工，施工前应按照批准的施工方案向行调提出申请，得到命令后按照批准的限速进行防护。

(4)在营业线上进行新老线路拨接合拢、更换或拨正钢梁、路堑开挖、工程列车进入区间卸料等复杂、费时工程的施工，必须封锁线路。

(5)其他情况下的防护办法见《铁路技术管理规程》。

(三)防护距离的相关具体要求

铁道部《关于铁路技术管理规程有关问题的通知》(铁科教〔2000〕99 号)对《铁路技术管理规程》有关内容进行相应调整，对特快、快速旅客列车运行速度作出规定：特快旅客列车最高运行速度120 km/h以上至 200 km/h；快速旅客列车最高运行速度不超过 120 km/h。

根据修改后的《铁路技术管理规程》第 189 条和第 291 条由列车在任何线路坡道上的紧急制动距离决定，各种列车运行速度下的防护(制动)距离为：

运行速度不超过 90 km/h 的货物列车为 800 m；

运行速度 90 km/h 以上至 120 km/h 的快运货物列车为 1 000 m；

运行速度不超过 120 km/h 的旅客列车为 800 m；

运行速度 120 km/h 以上至 140 km/h 的旅客列车为 1 100 m；

运行速度 140 km/h 以上至 160 km/h 的旅客列车为 1 400 m；

运行速度 160 km/h 以上至 200 km/h 的旅客列车为 2 000 m。

(四)通信联络与人员要求

在区间施工时，应设防护员、工地电话员，在邻近车站设驻站联络员，工地电话员与车站联络员采用有线或无线的通信方法，及时掌握施工和列车运行情况。

驻站联络员和工地防护员(电话员)应由责任心强、经公司组织的安全技术考试合格的正式职工担任，并不得随意调换。联络员和防护员要坚守岗位，因故暂时离开应有人代替。所使用的通信设备和防护工具要妥善保管，保持其性能良好。在通话时，必须严格执行复诵制度，并及时把通话内容(列车运行时刻等)详细记录。如实行倒班，还要严格执行交接班制度。

(五)区间线路上施工车站与施工地点电话联系的一般程序规定

(1)施工领导人应通过驻站联络员与车站值班员保持密切的联系，掌握列车运行的时刻，有效利用列车间隔时间，计划好施工作业的数量和进度，合理安排，设好防护后才能施工。在作业过程中要密切注意来车“预报”、“确报”等信号。

①预报：车站对施工区间办理闭塞时，驻站联络员应立即向工地防护员发出预报；如果是通过列车则要提前一个车站预报。

②确报：车站向施工区间发车时，驻站联络员应立即向工地防护员发出确报，如施工地点距车站较近或施工条件复杂，而需要提前预报和确报时，施工领导人要事先与驻站联络员交待清楚，并通知全体施工人员和防护人员，以免影响施工。

③变更通知：预报、确报有变化时，驻站联络员应向工地防护员发出变更通知。

(2)工地防护员接到预报、确报、变更通知后，都要按照规定的信号(喇叭、信号旗等)向施工负责人重复鸣示，直到对方以相同的信号回答为止。同时应加强警戒。

驻站联络员应每隔 3～5 min 与工地防护员联系一次，如果通讯联系中断，工地防护员应立即以停车信号防护，并通知施工领导人停止作业，机具下道，尽快将线路恢复到允许放行列车的条件，恢复工作未完成不得撤除防护人员。

(3)驻站联络员要加强同车站值班员的联系。

(六)设置和撤除移动停车信号的一般程序

1. 设置

(1)抄录并确认施工封锁命令；

(2)施工领导人通知两端防护员设置响墩，并展开红色手信号进行防护；

(3)设置施工地段两端的移动停车信号；

(4)发出施工命令。

2. 撤除

(1)施工领导人经检查确认线路已达到放行列车条件；

(2)撤除施工地两端的移动停车信号；

(3)通知两端防护员撤除响墩，收起停车手信号，确认线路处于开通状态；

(4)通知车站开通线路。

【案例】九江站改施工非法铺设临时道口

2009 年 7 月 20 日下午 15 时 30 分，路局道口办接到路局企法处受理的中铁某局集团有限公司武九联络线九江站改指挥部申请设置临时道口的提请行政许可审查书，道口办及时联系申请单位，并提出 7 月 22 日联合路局安监室现场调查及组织召开协调会，进行设置道口可行性和安全保障措施的分析论证。

2009 年 7 月 22 日下午 15 时，路局道口办、安全监察室、铜九指挥部、九江车务段、九江桥工段和中铁某局九江站改项目部有关人员到现场调研设置道口条件，发现 K1309＋465 处已铺设了跨越九江站 11 道和 9 道的道口，但未开通(九江站 11 道和 9 道均为运营线路)。

该项目部在未经审批的情况下，擅自铺设道口，违反《铁路运输安全保护条例》第二十八条“任何单位和个人不得擅自设置或者拓宽铁路道口、人行过道”，以及《关于印发〈南昌铁路局营业线施工及安全管理细则〉的通知》(南铁办发〔2008〕222 号)第一百一十二条“施工期间需设置临时道口时，施工单位必须依照铁道部《设置或者拓宽铁路道口人行过道审批办法》(铁道部令第 20 号)办理相关行政审批手续，由路局行政许可办公室批准，并于审批截至日期拆除。”

第二章　铁路营业线路基施工安全

第一节　铁路营业线路基施工安全的一般规定

既有线上的路基改造、修筑与既有线并行或交叉的新路基，施工地段长，施工工期长，劳动力集中，机械、运输作业繁忙，对既有线干扰大，应该特别注意落实保证既有线路基的稳定、路堤填料和填筑方法的选择以及线路间的排水等技术措施及相关的安全措施。

营业线路基施工必须严格执行现行《铁路运输安全保护条例》、《铁路技术管理规程》、《铁路营业线施工安全管理办法》、《铁路工务安全规则》、《铁路路基大维修规则》、《改建既有线和增建第二线铁路工程施工技术暂行规定》等的有关规定。

营业线路基施工应考虑下列主要危险源、危害因素：

(1)地下、地上管线及行车设备，材料堆码；

(2)临时工程及道口；

(3)机械作业，爆破作业；

(4)慢行施工，封锁施工；

(5)邻近营业线路基施工。

【案例】汽车侧翻导致铁路行车事故

(1)事件经过

2006 年 7 月 30 日早上 9 时 02 分，在某紧临既有线施工项目中，小石沟路段新建路基处，一辆往工地运送砂石料的地方车辆从该段路基上行驶时，侧翻到既有线路基水沟上，距离钢轨约 3 m，工地防护员发现情况后，立即跑到铁路线路挥动红色手旗，拦截列车；工地安全员立即通知驻站联络员向车站申请区间封锁，分别于 9 时 03 分、9 时 06 分向车站电话通知进行区间封锁。此时刚好一列货车驶来，距离翻车地点约 600 m，发现防护员的停车信号后，立即刹车，慢速缓行越过翻车地点约 200 m 后将车停住，侧翻的汽车与停车的货车车厢间距离约 50 cm 左右。

(2)原因分析

①运沙车司机违规驾驭超载车辆，进入既有线施工现场，对施工地段的路况不熟，驾驭不当。由于连续下雨，现场砂石供应不上，施工人员私自联系车辆为工地送沙，运沙车司机为第一次往工地送沙，其驾驶的车辆超载核定载重 5 t，车辆实载 13 t，严重超载；同时由于对施工现场情况不熟，驾驶不当造成翻车。

②施工现场防护不够，防护绳由于设置时间太长，该段防护绳掉到地上，没有及时恢复，警示作用不明显。

③现场人员私自联系运料，致使未经既有线施工教育的人员驾车进入既有线施工现场。

④下雨导致施工便道路况变差，影响汽车行车。

营业线路基施工必须根据铁路机车车辆限界和建筑接近限界，制定施工临时行车限界。

营业线路基施工应编制专项施工方案，并经建设、监理、设备单位共同审批后方可施工。

施工单位应与设备管理单位和行车组织单位分别签订施工安全协议，明确双方的安全责任和义务。

施工前，施工单位应与设备管理单位共同探明施工影响范围内的道路、既有建(构)筑物和设备、地下和空中管线等情况，并采取防护措施。设备迁改或施工影响设备安全时，必须在设备管理单位的监护下作业。

施工期间，施工单位及设备管理单位应在营业线影响范围内设观测点，对路基变形、防护加固设备及线路几何尺寸进行监测直至稳定。发现问题，双方共同及时采取措施。

临时工程和过渡工程施工、施工用电应符合《铁路工程基本作业安全施工技术规程》(TB 10301—2009)第 4 章、第 17 章的相关规定。

施工中的临时设施、材料、机具等严禁侵入临时行车限界。材料应堆码整齐，稳固牢靠，并派人看守。

营业线 20 m 范围内严禁存放油料及其他易燃易爆品。

封锁线路及慢行施工时，施工单位应按规定申报施工计划，未经审批严禁施工。

营业线路基施工应按规定设置施工安全防护，经验收后方可施工。邻近营业线的路基施工也应设置防护标志。

【案例】郑西客运专线 K13＋300～K13＋700 段路基分线，邻近既有线施工无防护标志，如图 2-1 所示。

图 2-1 邻近既有线施工无防护标志

影响营业线行车的路基爆破作业必须在线路封锁时间内进行，应采用控制爆破技术，并设防护网、排架或棚架等防护。

爆破后必须立即清理限界内的土、石，抢修线路。经施工、设备管理及监理单位三方联合确认达到列车放行条件后开通。

营业线路基施工中破坏原有排水系统时应先建后断，所有的排水系统必须保持排水畅通，防止渗漏。

高处作业应符合《铁路工程基本作业施工安全技术规程》(TB 10301—2009)第 12 章的相关规定，并满足营业线安全防护。

机械设备管理的使用及防护除符合《铁路工程基本作业施工安全技术规程》(TB 10301—2009)第 8 章的相关规定外，尚应符合下列规定：

(1)大型机械实行“一机一人”防护。

(2)营业线限界两侧 15 m 范围内，应在铁路限界外设置刚性防护隔离设施。

(3)在营业线限界 10 m 范围内施工时，严禁机械原地掉头。邻线来车时，施工机械必须停止作业。

(4)必须做好接触网支柱、信号机等行车设备的防护。

(5)机械停止作业后应及时撤离现场，严禁在营业线附近停放。

施工防护标志、警示灯等不得影响铁路行车信号。

夜间施工应有足够的照明及防护设施，照明灯光不应影响行车瞭望。机械车辆在夜间作业时，应防止灯光干扰行车信号。

雨、雪、大风天气施工时，应采取防止大型机械滑溜、侧翻至行车限界内的安全措施。

营业线路基施工完毕，必须及时验收交接，未经验收合格的工程，严禁开通使用。

施工前应对既有线进行调查，施工地段内的既有线有无滑动、沉落、坍塌等失稳现象，如有失稳现象，应与建设、设计单位研究处理后方可开工，并应与工务部门取得联系，随时掌握既有线的道床、路基的稳定情况。在施工过程中如发现道床不稳定，路基变形、开裂等情况，应立即停止施工，并采取加固措施，以保证行车的安全。

加宽既有路堤施工，必须保证既有路堤边坡的稳定。挖台阶应分段，并且随挖随即向上分层填筑夯实。若需拆除既有挡墙、护坡等建筑物，应分段拆除，拆一段加宽一段，防止引发边坡塌方。

在电气化区段还应注意保护既有路基上的电杆、立柱和地锚的稳定。

施工对运营有严重干扰地段，可以考虑修建便线的过渡方案。

封锁施工、临时性利用列车间隔施工、向封锁区间开行路用列车和列车在区间从事卸车作业，施工单位必须办理行车手续并设置防护。

【案例】2009 年 6 月 21 日 9 时 7 分，某工程局一辆运土自卸车在南昌局向乐线大岗—三江镇之间线路右侧侧翻侵入限界，造成 7206 次旅客列车在大岗站超停 18 分，9 时 27 分清除后恢复行车，构成铁路交通一般 D 类事故。

第二节　路堤帮宽

路堤帮宽前应调查列车运行情况、既有排水、加固防护设施、路基病害及既有路基填料种类等情况。

为了避免由于新旧路堤填料的不同，排水不畅而造成路基病害，施工前要调查既有线路堤的填料类型，如为透水路堤或部分选用透水性填料填筑的路堤，新线路堤应选用相同或透水性较好的填料。

拆除既有路堤防护设施时除符合《铁路工程基本作业施工安全技术规程》(TB 10301—2009)第 13 章的相关规定外，尚应符合下列规定：

(1)拆除植被防护坡面时，应随挖台阶高度挖除植被，不得全坡面一次挖除。当班开挖应当班回填，保持边坡稳定。

(2)拆除片石护坡、拱架防护坡面时，应随填筑进度自下而上拆除。拆除原路基边坡防护应与填筑同步进行。

在填筑前如原地面横向坡度在 1∶10～1∶5 时，应清除草皮和杂物；原地面的横向坡度在 1∶5～1∶2.5 时，基底地面必须挖成宽度不小于 1 m、高度不小于 0.2 m 的台阶；原地面横向坡度陡于 1∶2.5 时以及松软土层或池塘、河沟基底，应做特殊处理，填筑前还应采取措施将路堤基底范围内的地面水、地下水排除；如遇耕地或松土地段，如松土厚度不大于 0.3 m，则应先夯实再填土，如松土厚度大于 0.3 m 时，应将松土翻挖，分层回填夯实。

泥沼、低洼地带还要进行沉降观测，控制填土速度，以防止坍塌。

路堤帮宽应符合下列规定：

(1)应随时监测营业线路基稳定情况，防止既有路基失稳。

(2)挖除路肩影响道床稳定时，应设置挡砟墙、挡板等防护设施，防止道床边坡溜塌。

(3)弃土不得阻塞河道和营业线路基排水设施，并应符合国家环保规定。

帮宽完成后，应立即恢复线路标志及相关设施。

【案例】沪宁城际四标某段路基，邻近营业线，但是施工将腐殖土弃于营业线与新线之间(如图 2-2 所示)，存在极大的安全隐患(可能堵塞营业线排水设施甚至滑坡)。

图 2-2　营业线与新线间弃腐殖土

第三节　路堑拓宽

加宽既有路堑施工，必须确保开挖边坡的稳定，防止发生塌方而影响行车安全，对既有挡墙和支护等建筑物，应分段拆除、分段开挖。新建挡墙等建筑物要马口分段施工。

(1)路堑拓宽时，应在营业线一侧设置防护设施，严禁材料、机具侵限。

(2)拆除既有挡护、防护设施应保证既有路堑边坡稳定，必要时设置临时支撑进行加固或防护，并随开挖进度应自上而下分层、分段拆除，严禁一拆到底。

(3)路堑拓宽应按照横断面自上而下进行，防止因开挖不当，引起边坡不稳或坍塌。

(4)路堑拓宽时应随时观测坡面稳定情况，有裂缝、危石和塌方迹象时应及时采取措施。

【案例】某既有铁路石质路堑车站电气化改造工程，增加到发线有效长，需要进行扩堑控制爆破施工。扩堑断面如图 2-3 所示。

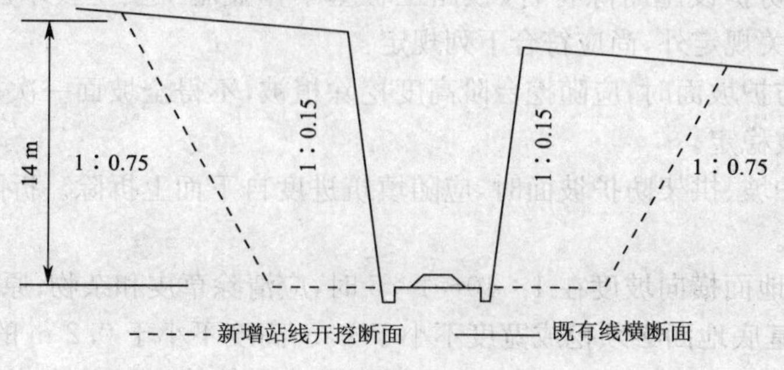

图 2-3　路堑横断面示意图

开挖后发现，上行线左侧出现一倾斜软弱黏性土夹层，且有地下水出露，如图 2-4 所示。但原设计为开挖后加设护墙。为了确保边坡稳定，该施工单位、监理单位、设计单位会诊后改为抗滑挡土墙，从而确保了边坡的稳定。

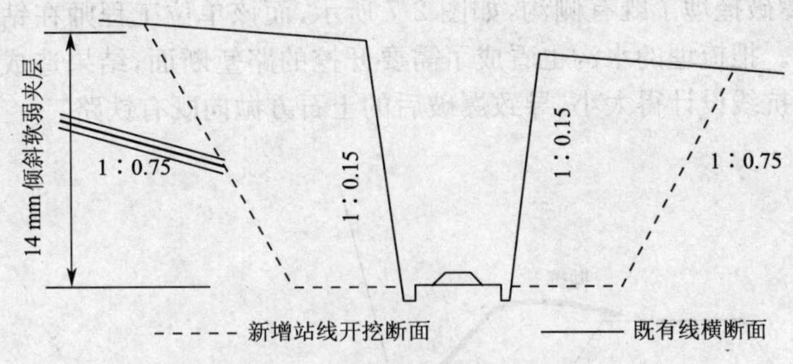

图 2-4　路堑横断面软弱夹层示意图

(5)弃土不得阻塞既有排水设施，不得影响既有路基安全稳定及运营安全。

(6)开挖石质路堑时应采用控制爆破或膨胀剂无声爆破。在采用控制爆破时应根据实际考虑爆破时间，控制一次爆破的石方数量，控制抛掷方向、飞石、地震的破坏等条件。

爆破时尤其应注意最小抵抗线的方向不要朝向营业线，以免造成爆破土石方抛向轨道，造成轨道破坏，影响行车安全。

【案例】某既有铁路石质路堑车站电气化改造工程，增加到发线有效长，需要进行扩堑控制爆破施工。平面如图 2-5 所示，扩堑断面如图 2-6 所示。

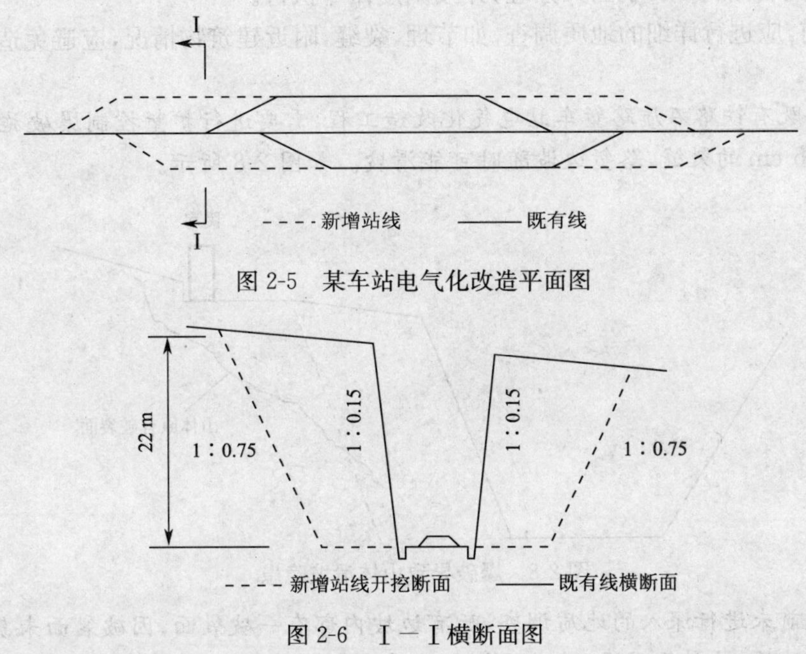

图 2-5　某车站电气化改造平面图

图 2-6　Ⅰ—Ⅰ横断面图

该车站路堑有以下几个特点：

①爆破工点紧临铁路，边坡陡峻，经过调查发现既有线横坡约 1∶0.15；

②爆破区无自然屏障；

③机械设备无路进入爆破区；

④部分岩石裂隙多，较破碎，边坡不稳定，个别地方出现倒悬坡现象；

⑤场地狭窄，边坡较高，且开挖厚度小，施工起来十分困难，无法进行大规模施工；

⑥爆破区正好位于车站咽喉附近区，需要重点进行防护。

施工中，先行爆破掩埋了既有侧沟，如图 2-7 所示，而该单位工程师在钻炮眼时未认真核实最小抵抗线方向。把掩埋的水沟也看成了需要开挖的路堑断面，结果造成最靠近营业线的一排孔眼的最小抵抗线设计得太小，导致爆破后的土石方抛向既有铁路。

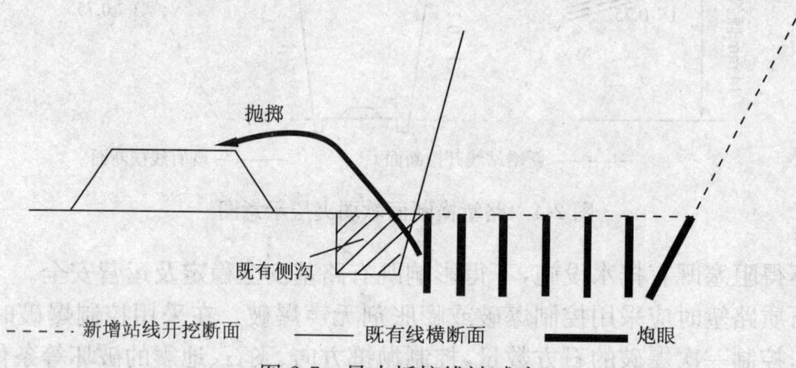

图 2-7　最小抵抗线被减小

(7)应制定切实可靠的保证人员和行车安全的防护措施，并按规定要点、封锁线路、进行施爆，对爆破落石可能损坏的轨枕、钢轨及其他建筑物和设备，应采取主动的或被动的防护。爆破施工封锁线路要点计划，除个别零星的要点外，施工单位应提前一个月提交路局，由运输部门核定，具体封锁要点手续，于当天办理，并按调度命令执行。

(8)爆破前，应进行详细的地质调查，如节理、裂缝，附近建筑物情况，应避免造成建筑物的损坏。

【案例】某既有铁路石质路堑车站电气化改造工程，需要进行扩堑控制爆破施工。爆破后民房出现宽达 5 cm 的裂缝，路堑边坡随时可能滑坡。如图 2-8 所示。

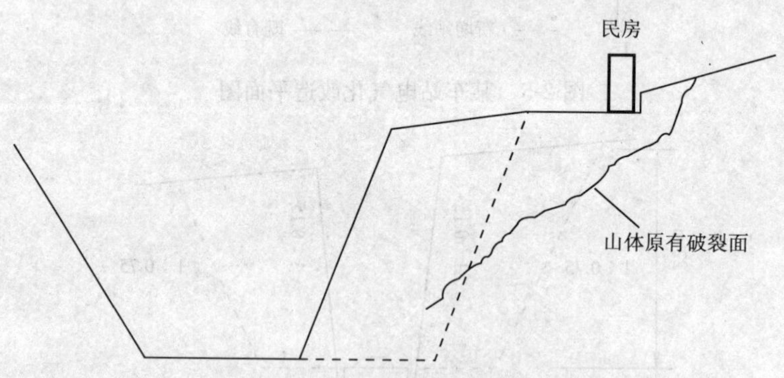

图 2-8　爆破导致山体滑坡隐患

原因：爆破前未进行深入的地质调查，既有边坡内部有一破裂面，因破裂面未贯通边坡，山体稳定，但是爆破后，破裂面贯通，造成了极大的滑坡安全隐患。

(9)一次爆破要点的时间不宜少于 20 min，封锁命令下达后，立即设置防护，迅速施爆。爆破后，要认真检查线路轨距、方向、水平、线路限界和行车设备，确认技术状态良好，方可撤除防护、开通线路。若发现边坡危石或危及行车安全的情况，应立即派人监视和防护，同时向车站要点进行处理。

【案例】某营业线扩堑施工，由于爆破设计中药量控制不够严格，装药量偏大，且最小抵抗线方向朝向营业线，导致大量土石方抛向营业线。本次施爆要点 35 min，但是由于侵限土石方量较大，虽经紧急施工，仍然造成一货运列车延误 2 min。更为遗憾的是，施工人员未认真检查是否仍然存在侵限土石方，结果造成该货物列车通过时，副风缸被一块侵限石块刮坏，副风缸中空气排出，因列车"充风缓解、排风制动"的原理，导致列车无法继续开行，从而构成列车行车一般事故。

第四节　路基加固与排水

(1)路基加固应在线路封锁或慢行条件下进行，并按规定做好安全防护。

(2)采用注浆、挤密桩等方法加固路基时，应随时监测影响范围内路基及行车设备、周边建(构)筑物的变化，发现异常，及时采取措施。

(3)营业线路基翻浆冒泥、冻害整治挖除换填时，应封锁线路。

(4)开挖影响既有路基稳定时，应采取支撑措施，并随开挖、随填筑。

(5)做好施工期间的两线间排水工作。在施工过程中，新旧路堤间常会积水，应设置排水通道，而当新筑路堤的施工标高超过既有线路堤标高时，为了防止地面水流向既有线，冲刷、污染道床，应做好纵向排水设施。

【案例】沪宁城际沪宁联络线 DK292＋082 附近，道床道砟局部污染严重。如图 2-9 所示。

图 2-9　道床污染严重

(6)如须拆除既有排水设施，应先做好新的排水系统或过渡性排水设备。当引排地下水的建筑物被第二线埋压时，应改建接长，引排出路基范围以外，保证既有路基排水通畅。

(7)应避免增设的排水设备造成路基、耕地的冲刷。

【案例】某增建二线路堤侧沟，因路堑较长(600 m)，且汇水面积大，技术人员在技术交底时，告诉工人将侧沟引入稻田处沟底用 15 cm 厚砂浆抹成斜坡。在一次暴雨时，侧沟流水造成稻田近半亩水稻被冲毁。这说明：沟底在稻田附近若落差较大，应做成跌水，以消耗水能，避免流水冲刷耕地、毁坏庄稼。

第五节　施工临时道口安全管理

施工单位必须向所在工务部门办理申请手续，经批准后，与工务部门签定安全协议后设置施工临时道口，并配置道口基本设备和防护信号设备；应组织有关部门检查道口的设置情况，经检查合格后，由批准单位通知施工单位正式启用；一般不宜采用加宽既有人行过道的方式。道口设备分为基本设备和防护信号设备，基本设备包括平台、坡度、铺面、看守房、栏杆、室外照明、电话等，防护设备包括信号旗、信号灯等。

1. 临时道口设置应符合的规定

(1)必须按铁道部现行《设置或拓宽铁路道口人行过道审批办法》办理相关审批及验收手续，严禁擅自设置。

(2)电气化区段应设限高架。

(3)必须由经培训和考核合格的正式职工负责不间断看守。

(4)使用完毕必须及时拆除。

2. 临时道口的安全管理

(1)各种道口标志及栏木、护柱等，应经常保持齐全、鲜明，信号备品要齐全完好。

(2)道口看守人员必须专职专用、坚守岗位、认真瞭望，按时开关栏木和显示信号，保证铁路和施工车辆的安全。

(3)不论使用时间长短，均应有严格的岗位责任制，交接班制和工作细则。

(4)施工临时道口为施工专用道口，栏木以关闭为定位，在施工车辆通过时由看守人员开放栏木。道口关闭时应关闭和锁定栏木。

(5)道口启用后，施工单位要加强维修养护，且确保道口设备处于良好状态。

(6)临时道口的使用期限一般为一年，如确因需要而延长时，应提前补办手续，用毕后拆除，恢复线路原状，办理移交手续。

(7)机动车通过道口的速度不得超过 20 km/h，不准在道口处转弯调头。

(8)特别笨重、巨大的车辆及可能干扰铁路运输的物体通过道口时，应采取相应的措施。履带车通过时，必须垫枕木或胶皮，以免影响轨道电路。

第三章　铁路营业线桥涵施工安全

第一节　铁路营业线桥涵施工安全的一般规定

一、线路加固技术

在既有线上增设桥涵，一般用搭设便桥或扣轨法加固线路。采用便桥或扣轨法增建桥涵时，应遵守下列安全措施和要求：

(1)便桥的搭设应符合如下要求：①当列车通过时，应把枕木垫实；②当连续 3 根枕木被挖空，必须用扣轨法加固线路，然后才可以继续施工；③枕木垛及扣梁的构件架设，各部分尺寸都不得超限；④在自动闭塞区间施工时，应做好绝缘工作，工具、撬棍等导体不得同时接触两根钢轨，以免连电而干扰行车信号；⑤在无缝线路区间施工时，线路要进行锁定或进行应力放散，或者把其换铺为普通线路再进行加固。

(2)便桥架设开始到拆除恢复线路前应设专人昼夜检修监视。在每次列车通过后，对便桥及施工地段各 20 m 的范围内进行一次检查，发现问题及时整改。

(3)桥涵主体完工后，尽快拆除便桥，恢复线路，达到正常行车要求。

(4)桥涵墩台完工后，如需换架正式桥梁时，应在封锁线路条件下进行。

二、施工安全的一般规定

营业线桥涵施工必须严格执行现行《铁路运输安全保护条例》、《铁路技术管理规程》、《铁路营业线施工安全管理办法》、《铁路工务安全规则》、《铁路桥隧建筑物大维修规则》、《改建既有线和增建第二线铁路工程施工技术暂行规定》等的有关规定。

营业线桥涵施工应考虑下列主要危险源、危害因素：

(1)施工前未按规定办理相关手续；施工未列入铁路部门施工计划。

(2)施工人员未按规定进行教育培训。

(3)施工前未进行地下管线等的探测。

(4)上道作业时无专人防护；来车时不按规定下道避车。

(5)防护员、驻站联络员违反工作制度。

(6)机械设备、材料等侵入限界。

(7)在电气化区段施工时未按规定停电作业。

(8)在自动闭塞区段施工时工具、设备未采取绝缘措施。

(9)对无缝线路加固时未进行应力放散。

(10)线路封锁施工时，不按批准的项目施工或超前准备、超范围施工。

(11)慢行条件下施工时，无防护人员值班。

(12)顶进挖土时违反规定要求，造成路基坍塌。邻近营业线的基坑开挖时，未做好加固措施，导致路基坍塌。

【案例】

(1)事故概况

2007年9月16日21点05分，中铁某局集团公司施工的胶济客运专线ZH-3标段在大路框架桥D4KK183+214.02段基坑开挖过程中发生路肩坍塌，致使下行线路运行的货物列车发生脱轨，造成12节车厢脱轨倾覆上行线中断行车13小时35分，倾覆车厢基本报废。

(2)事故主要原因

①在建设单位没有对框架桥工程的施工组织设计批复的情况下，擅自施工，开挖基坑。在防护桩的施工中，偷工减料。原设计桩长18 m多，实际破检4个桩，最长的14 m，最短的只有10 m，缺少竖向主筋和箍筋。

②未与工务部门签订《安全监护协议》，未向建设单位办理开工报告，擅自违规进行防护桩施工。

③未按批复的框架桥防护桩的施工组织设计组织施工：

a. 一直到事故发生，也没有进行慢行；

b. 桩成型后必须达到强度，才能开挖基础，最后一根桩是12日灌完的，13日就开挖了；

c. 设计方案要求桩孔的护壁是钢筋混凝土的，现场看到大部分是用6 cm厚的砖进行防护的；

d. 桩的长度、直径、配筋、混凝土的强度，有相当一部分都不满足施工组织设计要求。

④施工组织设计中，防护桩的计算有误。

⑤险情出现后，没有立即采取相应的措施，造成了列车脱轨事故。

⑥内业资料欠缺，不规范；现场管理混乱。

(13)线路加固时，支点深度不够。

(14)营业线改建桥涵施工时，未对既有桥墩台采取防护加固措施。

(15)营业线增建二线桥涵施工时，未采取合理措施影响营业线桥涵和路基稳定。

(16)跨线桥施工时设备安全系数不足。

【案例】

黔桂铁路技术改造工程K26+500交通涵，施工挖孔桩的防护不到位，如图3-1所示。

图3-1 营业线涵洞施工防护不到位

营业线桥涵施工前必须编制专项施工方案。

营业线施工方案必须经铁路相关部门审批，施工单位与设备管理单位和行车组织部门签订施工安全协议和配合协议，铁路运输部门纳入月度施工计划后，方可组织施工。影响行车安全的施工，必须在设备管理单位监护下进行。

营业线上施工影响原运输区段限界的，必须根据机车车辆限界，制定施工临时限界并按规定上报铁路相关部门审批。施工中搭设的脚手架、堆放的工程材料或机具设备等，严禁侵入施工临时限界。

主要管理人员必须经过铁路施工专业培训，经考试合格后方可任职。驻站联络员及工地防护员必须经过铁路施工安全培训，考试合格后持证上岗。

施工前，施工单位和设备管理单位应现场划定地下管线位置范围。在设备管理单位监护人员监护下，对管线进行探测，挖探沟确定其准确位置。地下管线探挖不得使用机械，对已暴露的管线必须采取保护措施。

凡涉及到营业线施工必须按规定设置防护。驻站联络员与工地防护员必须严格执行“呼唤、应答”和“预报、确报、复诵”制度。

营业线桥涵施工中，施工单位和设备管理单位应监视与保持线路、桥涵等建筑物处于完好状态，发现异常必须立即停工处理。

所有施工人员上道作业，必须按规定着装，及时按规定下道避车。应加强对机具设备和物资材料的管理，不得侵限，并应设专人看守。

安全保护区内的施工应纳入营业线施工管理，机械设备必须设专人监护，防止侵限。打桩机、旋挖钻、吊机等高大机械设备必须采取防倾覆措施。

【案例】

(1)事故概况

2005 年 1 月 26 日中午 12 时 47 分，广深铁路一工地，一台打桩机在作业时突然失去平衡，重达数吨的打桩机倾翻(如图 3-2 所示)。庞大的机身横卧在上行线的钢轨上(如图 3-3 所示)。此时正好有一列车驶来，所幸司机发现及时停车，列车颠覆事故得以避免。

图 3-2 打桩机倾翻

图 3-3 打桩机横卧钢轨

(2)事故原因

施工人员对打桩机操作不当。当时打桩机正在作业，打桩臂向下打的过程中没有一锤到底，而操作工人却在此时将机器刹住，悬空的打桩臂过重导致整台机器失去平衡，终于支撑不住倾翻。

在电气化区段，作业人员及其携带的物件与接触网带电部分的距离必须保持在 2 m 以上，不足 2 m 时，应在接触网停电后作业。在距接触网带电部分 2～4 m 的范围内施工时，接触网可不停电，但须有设备管理单位的有关人员在场监护。在接触网支柱及接触网带电部分 5 m 范围以内的金属结构上均须装设接地线。

【案例】2010 年 4 月 10 日，沪杭客专某施工单位施工时碰损铁路接触网承力索，造成行车中断。

在自动闭塞区段施工时，应保持轨道线路绝缘良好。工具、设备应采取绝缘措施，防止轨道电路短路。

当对无缝线路加固时，必须进行应力放散。

在设有防护网区段施工，如需临时拆除防护栅栏，必须设专人 24 h 看守，闲杂人员不得进入防护栅栏内。

线路封锁施工应符合下列规定：

(1)按批准的线路加固方案做好各项准备工作，确认信号设备、机具、材料齐全完好，防护设施和人员到位。严格按批准的施工项目施工，严禁超前准备和超范围施工。

(2)严格落实要点登记手续，行车调度发布命令后方可施工。

(3)开通前，应进行安全质量检查，确认线路设备状态达到开通条件，及时办理销点手续。

(4)开通后，应安排专人巡查整修线路，保持线路处于良好状态。

慢行条件下，应安排防护人员昼夜值班，配齐防护用品，规范上岗接车；设置测速仪，发现列车超速时，应迅速报告有关部门，并做好记录。

营业线桥涵施工中的起重吊装、施工用电、现场防火、高处作业、季节性施工和钢筋、模板、混凝土、预应力施工等除应符合相关规定外，尚应符合《铁路工程基本作业施工安全技术规程》(TB 10301—2009)的相关规定。

【案例】2007 年 2 月 6 日，西延铁路蟠桃沟大桥在换梁施工过程中发生事故，导致梁体掉落桥下。如图 3-4 所示。事故还造成 2 人死亡，1 人受伤。

图 3-4　西延铁路蟠桃沟大桥在换梁施工过程中发生掉梁事故

第二节　框架桥与涵洞顶进

在运输繁忙、路基稳定的条件下增建桥涵、地道，目前多采用顶进法施工。由于是在轨道下作业，需要开挖路基，将会在一定程度上影响行车，所以要采取措施保证行车安全。

一、工作坑及顶进后背

顶进工作坑靠近路基一侧的坡顶距路基坡脚不得小于 1.5 m。一般应避开汛期施工，需要汛期施工时，对受工作坑影响的路基边坡应进行防护加固，并做好防洪安全设施。

工作坑开挖必须按规定进行放坡，分层下挖，不得任意放陡坡度，禁止掏底挖土。坑壁需要支护的，按设计进行支护。机具、材料、弃土等应堆放在基坑顶部周边安全距离以外。

顶进后背应进行设计计算，后背梁、后背墙必须有足够的强度、刚度和稳定性。

二、纵横抬梁加固线路

纵横梁应按布置方式、计算跨度等进行受力检算，必须具有足够的强度、刚度及稳定性。加固范围应向框架桥两侧延伸与桥高等长的距离。框架两侧线路在架空纵梁端部还应采用桩基进行承托和防护，避免土体坍塌。

纵横梁应联结牢固，横梁底部道砟应捣固密实，纵梁端部应用短枕木支垫牢固。穿插横抬梁及安装联结构件时应防止轨道电路短路。

扣轨应用扣轨卡紧固，并向两端延伸桥高的 1.5 倍；与枕木固定的 U 型螺栓不得超过轨面高度。

联结构件及支垫垫木等应派专人检查，发现松动应及时紧固。

顶进前应对横抬梁采取前顶后拉等措施，防止顶进时线路横移。

三、铁路便梁加固线路

便梁加固长度必须满足箱体两侧安全坡的要求。

便梁铁路运输和装卸时，必须按照铁路部门批准的施工计划进行；电气化区段采用机械装卸便梁时，应申请接触网停电；人工装卸时，枕木垛应搭设稳固，滑轨应有足够的强度和刚度。

便梁组装应严格按确定的便梁定位线和组装程序进行，不得侵限；轨下应绝缘良好。

挖孔桩支点必须有足够的深度，满足承载力及稳定性要求。护壁结构应考虑地质状况、列车活载和振动的影响。挖孔桩孔口不得侵限且应采取防止雨水灌入和人员、物体坠落的措施。

四、顶进施工

顶进土体难以确保稳定，易于坍塌时，需在顶进前对土体进行注浆固化。注浆作业应进行试验，确定注浆参数，控制线路隆起，并及时整修线路。

【案例】中铁某局四处株六复线“12·2”重大死亡事故

(1)事故概况

中铁某局施工的石板塘框架涵系 320 国道穿越株六铁路复线 K456＋284 处上下行双孔并排的交通涵。1999 年 12 月 2 日下午，四处副指挥长（兼顶进施工队队长）布置副队长、二班班长带领 22 名作业人员进行第 2 孔开挖和顶进施工。17 时左右开挖基本到位，17 时 05 分，当顶进涵施工到内侧工字钢梁 0.5 m 左右时，110 次旅客列车通过顶进涵地段，未发现异常情况，作业人员继续进行底部土方清理，当作业人员刚下到顶距基槽内装土时，靠近已就位框架涵一侧约二十多立方土石发生坍塌，8 名人员被埋死亡，构成重大死亡事故。

(2)事故原因及责任

①塌方地段属于沙黏土夹石地质结构，其土质密实度不均匀，坍塌先兆不明显，第一孔框架涵顶进到位后，对一侧土方有扰动，加之车辆通过震动，使本来密实度不均匀的土质变得更加松散，这是造成事故的客观原因。

②施工单位对作业面靠顶进到位框架涵一侧，形成两面无依靠的三角形路基土方稳定性差，以及内有不规则的空洞断层的特殊情况认识不足，防范措施不力，是造成事故的主要原因。

③在顶进施工中，只考虑开挖坡度放大会影响路基稳固和行车安全，而未按作业防护要求放坡，也是造成事故的原因之一。

该事故是由于施工单位在施工中安全检查不细，防护措施不力造成的，是一起责任重大死亡事故。

地下水位高于框架桥基础底面 1 m 时，应采取降水措施，严禁带水顶进。降水作业应控制线路下沉，并及时整修线路。

顶进设备应配套检验，合格后方可安装。每次顶进前应检查液压系统、传力柱安装和后背变化情况，发现问题及时纠正。顶进过程中，当液压系统发生故障时，严禁在工作状态下检查和调整。

传力柱支承面要密贴，方向应与顶力轴线一致。一般 4～8 m 加横梁一道以保持顶柱的稳定。顶进时安排专人密切观察传力柱的变化，如有拱起、弯曲等变形应立即停止顶进，进行调整。为防止传力柱崩出伤人，应采用填土压重等措施，传力柱上方严禁站人。

顶进作业应保持地下水位在基底 1 m 以下，严禁带水顶进。应避免在雨季施工，无法避开雨季施工时，应有防洪、排水及线路抢修措施。

挖土机械铲斗不得碰撞线路加固设施和桥涵主体结构。人工清理开挖工作面时，挖土机械应退出开挖面。严禁人、机同时开挖。

需拆除的支点桩应采用机械破碎或静态爆破。

顶进挖土时，应派专人监护，发现异常情况时，作业人员及机械立即撤离危险区域，并视线路情况设置防护信号。

顶进挖土作业必须符合下列规定：

(1)必须坚持勤挖快顶原则。

(2)严禁掏洞取土或逆坡挖土。

(3)列车通过时严禁挖土。

(4)顶进设备发生故障时不得挖土。

(5)顶进暂停期内不得挖土。

(6)没有防范措施，雨天不得挖土。

桥体顶入路基后，应 24 h 连续顶进。当列车通过时，施工人员及机械必须撤离挖土工作面。顶进过程中，应配备足够抢修人员和料具等。

当采用中继间法或顶拉法施工时，节间缝隙应采取封闭措施，以免土石等掉落伤人。

顶进就位后，框架桥边墙外侧应采用注浆或其他措施填充和固化顶进过程中扰动的路基，必要时尚应进行物探，以检测加固效果。

桥涵顶进应在旱季施工，如需在雨季施工，应制定相应的防洪措施。

端翼墙施工。开挖顶进完成后，应该抓紧端翼墙的砌筑，以防止进出口路堤坍塌，并恢复线路，达到列车正常的运行速度。

第三节　营业线改建桥涵

新建墩台应符合下列规定：

(1)施工时，应对既有墩台采取防护措施，不得影响既有墩台的安全。

(2)旧桥墩采用爆破拆除时，应制定安全措施；人工凿除混凝土时，施工人员必须戴护目镜。

(3)采用便梁加固线路时，临时支墩应安全可靠。施工过程中，应加强对便梁支墩的防护。

桥墩台顶帽加高或落低时，应符合下列规定：

(1)在作业处搭设脚手平台，安装栏杆和上下梯子。

(2)顶梁时严禁两端同时施顶；同一端使用的两个千斤顶，其规格、型号、起落速度应一致，保持梁体平衡；千斤顶使用前应经过检验；每次升降顶程不得超过 10 cm。

(3)顶梁时应设置垫木等保险装置，随顶随支；用木楔支垫时，不得使桥梁受力不均。

桥梁横移时，滑道应按设计布置，桥梁两端采用相同型号的动力设备，同步滑移，协调一致。

换梁后，应及时恢复线路，确保行车安全。

小桥涵改建成框架桥应符合下列规定：

(1)框架桥应采用顶进施工，对梁体采取便于拉出的支顶方案，边顶边拆，确保加固线路的安全稳定性。

(2)既有桥涵混凝土应采用机械破碎、静态爆破或控制微裂爆破拆除。

【案例】变更施工计划致列车脱轨

(1)事故经过

2007 年 9 月 16 日 21 时 18 分，DH27309 货物列车运行至济南局胶济线昌乐至潍坊西间 K171＋225 处，机车及机后 1～19 位列车脱轨，中断胶济线上下行行车。

(2)事故原因

主要原因是施工单位在紧邻既有胶济线的客运专线框架桥施工中，因擅自变更施工计划，在所做防护桩没有经过养护期、强度还未达到要求的情况下，开挖路基，导致既有线路基坍塌，进一步造成了货物列车脱轨。

第四节　营业线增建二线桥涵

对影响营业线桥涵基础和路基稳定的施工，应先进行护坡桩的施工，后施工主体工程。

沉入桩基础的打桩顺序应从营业线一侧开始，逐排向外打，并随时观测营业线路及桥涵的变化，且不应采用射水或振动法施工。

沉井基础施工应控制超挖量，并随时观测井内挖出的土壤情况及既有路基或周围地面有无沉降或裂缝现象。当地质为细砂、粉砂时，严禁抽水下沉。

钻(挖)孔桩基础施工应考虑列车震动影响，加强防坍孔措施。泥浆池应远离路基坡脚，避免泥浆浸泡路基。

脚手架、支架应符合安全规定，靠近铁路一侧不得侵限，且必须设置围护设施。

吊装、拆除墩台模板时，不得侵限。严禁在营业线轨道或桥梁上拴系牵引绳索。

排水涵接长施工，应有防洪涝应急措施。

交通涵接长施工，应联系交通部门采取疏导交通措施。设置夜间交通防护设施。

架梁时，所选方案不应影响营业线行车。

第五节　跨线桥与渡槽

凡跨越线路的公路桥、铁路桥、人行天桥等均称为跨线桥。渡槽是指跨越线路的水利通道。这类工程在施工过程中要维持列车在下面的正常运行，在设计模板、拱架及支架的制作、安装、拆除的过程中，均应在封锁线路的条件下施工。跨线桥施工与渡槽施工安全要点如下：

(1)邻近营业线的桥墩，要有人定期对施工地段线路两端各 20 m 范围内及模板、拱架、支架、各种施工脚手架等的稳定情况，各种工程材料的堆放情况等进行检查。

【案例】湖北城际(武昌—咸宁)铁路，跨武广客运专线防护棚架设计方案未充分考虑高速列车通过时的空气动力影响，列车引起棚架剧烈颤动。2009 年 11 月，棚架安装就位即发现列车通过时的剧烈颤动问题，现场在采取拆除中央顶棚的临时措施后，进行方案优化改进工作。跨武广客专特大桥与既有武广客专斜交，22#、23# 墩承台处于武广客专侧沟外的路堑上，距离路肩边缘仅有 2.31 m，属邻近营业线施工项目，桩基施工前，施工单位未向武汉铁路局相关部门和单位申报安全监控。图 3-5 为防护棚架施工现场。

图 3-5　防护棚架施工现场

(2)跨线悬臂挂篮、悬臂拼装设备及支架设计的安全系数应比一般情况大 20%。

(3)跨线架设桥梁和设备过孔，应封锁线路。电气化区段，当梁底与接触网承力索距离不足 2 m 时，应停电作业。当梁底高出接触网承力索 2 m 以上时，在保证安全的基础上，应编制专项施工方案，经审批后可不停电作业。

(4)吊装、架梁时，起重机和架桥机应定位准确，起重能力应满足作业半径、吊重等安全要求，起重索具安全系数应符合现行《铁路架桥机架梁暂行规程》的规定。

【案例】2009年6月21日，某局在青藏公司管内小桥站Ⅰ道(K177+280～K177+350)架设便梁，进行线路加固作业时，轮式起重机倾翻，现场人员在躲闪时，侵入铁路限界，与正在通过的货物列车相撞，造成两人死亡。

(5)已经吊装就位的构件、桥梁应摆放稳固。稳定性较差、迎风面积较大的梁、构件，在封锁时间内不能做永久固定时，必须增加临时支撑，使其稳固或将其捆绑牢固。防止梁或构件滚翻或跌落。

(6)铁路局同意不封锁施工的跨线作业，施工时应在车站行车室进行施工登记，派驻驻站员，现场设防护，利用列车间隔进行。在电力牵引铁路上方进行施工时，应设置静电屏蔽防护和安装接地防护装置。必要时，在施工范围内，可将承力索和回流线加设绝缘套管。混凝土养生时，养生用水不得泄流。

(7)跨线桥施工期间，必须在铁路上方设置围挡。

第六节 提速改造架梁工程

一、架桥作业安全技术

(一)架桥的准备工作

桥梁架设前应按图核对梁片和钢梁杆件，必要时应予编号。架梁使用的材料、工具、脚手板、梯子、安全带、安全网等配足配齐。机械应试运转。所有起重、高处作业、水上作业均应遵守有关规定。

应组织有关人员进行施工调查，以便研究和提出初步的方案和措施。架梁作业区应杜绝非施工人员进入，并有防火设施。水中膺架如被流水或漂流物冲击时，应设置防护。架梁的吊机、张拉工作台及墩台顶等处均应安装防护栏杆、上下梯子、人行走道等安全设施。夜间作业应有照明设备。

做好施工组织设计，根据工程特点以及施工机具和工期等因素，确定安全可行的架桥方案。在桥高、跨度大、河上通航、水深和湍急的桥位上架梁时，宜采用悬臂法拼装或拖拉法、浮运法等方法架设。桥跨较小的钢梁可采用由一端向另一端进行全悬臂拼装。

根据架桥方案，对临时性辅助工程，应在施工前提出设计并据此施工；对影响限界的障碍物，应做出排除的设计，并应提前拆迁升高；架桥机架设特殊钢梁时，对增加的辅助架桥设施，加宽桥墩的临时承托结构，局部改造架桥机时应加强架桥机的薄弱杆件，都应按照规定进行设计和验算，并具备规定的安全系数。

(二)架桥安全技术

各型架桥机的安全规定，应按照《铁路架桥机架梁规则》的规定办理，并在各单项工程施工前，按照以上规则制定安全操作细则，同时向施工人员交底。

架梁单位在编制施工组织设计、施工计划时，应同时编制安全技术措施计划，与生产计划一起实施。各项大型施工辅助生产设施竣工后，经检查验收签证，确认合格，方可使用。

在架桥过程中，应贯彻和落实“安全第一、预防为主”的方针，各级施工负责人应执行管生产必须管安全的原则。

对架桥施工人员，在上岗前均应通过安全技术的培训和考核，其中特种作业人员应取得相应的操作合格证。

对桥梁架设安装的作业人员，应进行体检，合格者方可上岗，患有心脏病、高血压、癫痫病、贫血病者，不得从事高处作业。工作前严禁喝酒并有足够的睡眠，确保精力集中和充沛。

所有参加施工和进入工地的人员，均应按规定配备安全防护用品。

架设和安装使用的机械设备，均应进行进场验收，状态良好、具有规定的安全系数，并按规定进行试运转，合格后方可使用。电气设备应绝缘良好。

架桥工地应有防洪、防火、防爆、防雷等设备和措施。在水上架桥时要有救生圈、救生衣和救生船只，派专人值守，以防不测。

夜间架桥时，须设足够的照明装置，工作灯应采用工作电压。

架桥作业中，上下同时施工时，向下递落和向上提升工具设备，均应加强瞭望，建立呼应制度。

(三)架桥机作业安全

1. 悬臂式架桥机作业安全

悬臂式架桥机的架梁过程是：组装架桥机、编组架梁列车、运送架桥机、梁车等架梁列车到架梁桥头、选挂平衡重、喂梁、捆吊梁、运行到桥头对位、直接落梁或移梁就位、安装支座、重复架设第二片梁、焊接连接板。其安全要求如下：

悬臂式架桥机重心高、轴重大，其吊梁运行均须通过桥头线路，依次对桥头线路应认真做好压道和加固工作。

悬臂式架桥机组装工作应由有经验的人员指挥，按规定程序进行。在全部组装过程中，均应采取安全措施，防止车辆后突然溜动、小扒杆或大臂突然坠落等。

悬臂式架桥机组装好后，对制动系统、走行部分应进行检查和试运行。

通过的新线路道床厚度应不小于 100 mm，经过初步整道，方向、水平均应符合规定。桥头线路必须经过压道；架桥机通过的线路净空应经过拆迁、升高等措施，架桥机通过道岔、渡线或曲线时，前后端均不得侵入邻线行车限界以内。

运送架梁列车的速度要求：直线地段为 10 km/h，曲线地段为 5 km/h，通过道岔为 5 km/h，通过超高 10 mm 以上曲线地段为 3 km/h。

当架梁列车安全运行到桥头后，应先选挂平衡重。采用拨道架桥时。架桥机前后机臂钢丝绳互不连通，吊梁前进时的前轮组轴重应与落梁后退时的后轮组轴重接近相等，架桥机前进或后退时，前后轮轴重均不应小于 50 kN。

架桥机吊梁时，必须先按需要重量吊起平衡重后吊梁片，落梁时先落梁片，后落平衡重。平衡重吊离平车顶面不宜超过 400 mm，并设专人监视。

当吊起梁片拆除转向架支撑后，应检查和确认平车上的料具、运梁转向架等部件均不致挂住螺栓或支座时，方可拉走平车。平车拉走后，应立即将梁片落低至距轨面 300～5 001 mm 的高度。对满负荷架桥机的各部位进行检查和观察，尤其是架设第一片梁，检查工作更要认真细致。

架桥机架梁时的指挥、机车司机、车长等人必须由富有经验的人员担任。架设工作开始前应召开有关人员参加的桥头会议，研究施工方案，进行任务交底，并确定联系信号。

架桥机吊梁运行速度，一般不宜超过 5 km/h，半径在 60 m 以下的曲线为 3 km/h，接近桥位时应减速至 0.5 km/h，并在距停车位置 10 m、5 m、3 m、1 m 处各发一次信号。架桥机前端派专人引导。架桥机前轮组第一位轮距前方轨头应有 1 m 以上的安全距离，否则应在轨端安装和钢轨锁定在一起的止轮器。

架桥机在下坡地段或轨面上有冰雪的地段走行时，应特别注意谨慎操作，不得超速。

架桥机吊梁走行地段的线路，每次走行后，必须设专人进行检查，记录轨距和水平变化情况，及时整修，夜间施工对线路要从严检查。

2. 单梁式架桥机作业安全

单梁式架桥机的架梁过程是：组装架桥机、组装龙门吊、编组架梁列车、一号车运行到桥头对位、二号车和梁车运行至龙门吊下换装梁片并与一号车联挂、喂梁、捆吊梁、对位、落梁、就位与安装支座、铺桥面、焊接连接板。其安全要求如下：

一号车组装时，应选在车站股道或桥头正岔线的直线地段进行，有效长度不宜小于 60 m。组装地段线路应经过认真整道，并在架桥机轮组所在位置适当进行加固。需要通过三角线转头时，三角线半径宜大于 250 m，困难时不应小于 180 m，还应采取必要的安全措施。一号车组装后应进行检查和试运转，运转正常，检查无隐患者方可使用。

为了确保桥梁换装安全，组装桥梁换装龙门架时，应做到：

(1)龙门架组立所在的线路条件，其坡度不得大于 10‰的直线地段，在曲线地段其半径不得小于 1 200 m，在曲线半径较小的曲线地段组立时，应将线路拨直 50 m 左右。

(2)龙门架组立的位置与桥台之间的距离，可选择在 300～1 000 m 之内，最短不得小于 200 m。

(3)龙门架左右支腿的组立均应与线路中线的距离相等，其误差不得超过 10 mm。两边支腿因组立在同一高度，其误差不得超过 4 mm。支腿基面要整平夯实，并在基面上至少要密铺两层枕木，基面承压力不得小于 0.2 MPa。龙门架组立后的内部净空高度和宽度，应保证运梁机车的安全行驶。

(4)两个龙门架组立间的距离，主要根据桥梁的跨度、吊梁时的允许悬臂长度，以及运梁转向架位置等进行安排。严禁使用短跨度桥梁的吊距换装长跨度的桥梁。

桥梁架设安全技术要求：

(1)一号车对位作业：架桥机正确对位后，应立即采取可靠的制动措施。架桥机 0 号柱支承在墩台顶面的泄水坡上，应首先使用硬质木板和木楔填平垫实，同时将木楔打紧，并将法兰螺栓再次拧紧。支垫宽度要大于 0 号支柱底宽，支垫高度可根据架梁时机臂倾斜度的需要作小量调整，但不得使机臂出现坡度，支垫 0 号柱时要前后左右垂直，不得偏斜。

(2)换装梁片作业：应在换装前对梁上的防水盖板、料具等进行清理，其高度不得超过梁片的挡砟坪顶。换装轨排时，钢筋混凝土枕两端的超长钢丝应打弯，以防碰挂一、二号柱。梁片落在二号车上时，应加设支撑和制动，防止梁片窜动。梁片重心应落在二号车纵中心线上，偏差不得超过 20 mm。二号车装好梁片后，运梁速度要根据线路条件严加控制，不得超速。

(3)二号车与一号车连挂后，拖梁小车运行通过地段应清除前进中的一切障碍物，并应设专人引导。各台卷扬机应设专人看护，或采取防止跳槽措施。桥梁即将到位时，应防止其前端碰撞 0 号柱。在桥墩台上设专人监视，有紧急情况拉动限位器，以保证安全。

3. 双梁式架桥机作业安全

双梁式架桥机实际上是一台两端悬臂的双梁式机械。组装时先将前端悬臂双梁运至前方墩台上，再安装支柱，将两端悬臂梁支承，以形成双梁支承式架桥机。

宽式架桥机组装要求：

(1)顶起前后两端机臂安放滚移设备时，左右两臂梁之间必须安装可靠的临时联结，均匀地顶起机臂。当两端机臂顶起到规定高度后，即可拖动机臂对位，起顶和拖动时要求平稳均匀。当两端机臂进入活动铰后，必须使销孔轴线完全对正后方可伸入中心销，严禁大锤猛烈敲打中心销对位。

(2)机臂与主梁连接插入中心销，应立即将机臂摆动定位销插好，随即应顶起前后机臂并脱开滚移设备。起顶要求起落均匀、动作一致，以防止两端机臂先后受力，影响机身的纵向稳定。

(3)主梁张开前，要求做好一切准备工作，并指定专人负责检查活动横梁、行车、前后龙门等处。张开时要有专人统一指挥。左右两侧应同时开合，严禁单侧张开合拢。张开到预定位置时，检查人员应立即通知指挥人员停止，不得超过，以防止发生事故。

(4)行车升高时要注意各部分情况是否正常，吊梁卷扬机支架不得与驱动架相碰，左右速度要求一致。

(5)主梁与平车横梁之间要安装联结支撑，保持主梁稳定。

窄式架桥机组装的安全要求：

(1)机臂翘头及机身升降用的设备，使用前应检查注油，升降前应先松开枕梁侧的止动螺栓；前后机臂翘起时，机臂应先用绳索捆牢，再向机臂内插入转臂杆，以防止突然摆动；机臂张开后将其落放在转向架拖板上，不应直接支托在横梁上，以防止滑落；安装端龙门和前后支柱时，所有销子必须上好挡板；螺栓应全部上齐并拧紧，上螺栓时不得用大锤敲击；全部上好拉杆，并把定位挡板安装正确；顶起吊梁行车时，两部卷扬机要同时起动，上升速度平稳，前后支柱未支承稳固前，严禁行车走上前后机臂。

(2)双梁式架桥机经过组装、运行和各种有关检查、试运转，确认符合要求时，即可对位架梁。

特殊条件下架梁的作业安全：

架桥机遇到特殊线路、特殊气象、特殊墩台结构和特殊桥梁等条件时，在确保安全的前提下，采取特别措施进行架梁的，称为特殊条件下架梁。所采取的特别措施均应符合以下原则：

(1)经过分析计算，必须留有一定的安全系数，确保构件的稳定，有足够的强度和刚度。

(2)情况复杂或通过分析计算不能完全肯定其安全可靠性时，必须经过试吊或试运转。

(3)制定的特别措施不得违反安全操作和工程质量等方面的规定。

(4)重大措施必须经上级审批。

4. 拖拉法架梁安全技术要求

拖拉法架梁适用于钢板梁、钢桁架的架设，由于拖拉法架梁比较易行，适应性较大，使用设备不多，当条件适合时，均可采用。

安装和使用的拖拉设备，应先进行检查，确认良好，方可使用。

在拖拉架梁中，对上下滑道的安全要求是：下滑道的基础强度应能承受钢梁通过的荷载，并具有规定的安全系数，基础两侧宽度应满足作业要求；钢梁拖拉应先考虑钢梁悬臂的挠度和采取的引导措施，便于辊轴喂进滑道；上下滑道的短枕木、钢轨及其配件等的材质良好，枕木间距、滑道轨纵横向的水平和方向、钉联道钉数量、钢轨连接螺栓等均应按设计和要求上足、上好；脱离钢丝绳、滑车组卷扬设备、辊轴等设施均应按规定设计，并严格按设计施工，钢梁后端应加防溜钢丝绳；拖拉时应认真做好指挥组织工作，做到分工明确，各负其责。

在钢梁拖拉中，应在拖拉一定距离后，对拖拉有关的各部位停拉检查，确认无异常时，方可继续拖拉；拖拉中作业点出现问题应及时报告，拖拉停止；拖拉时，牵引钢丝绳两侧不得站人，在其附近工作或走行人员应提高警惕。

5. 龙门吊架梁安全技术要求

龙门吊应按设计组装，当组装到规定高度后，应加挂揽风绳进行稳定。组装完成后，横梁上应满铺脚手板，并设栏杆和扶梯等设施，天车走行钢轨两端应安装止轮器，龙门吊顶应安装避雷和消防设施。横梁上的所有设备和物件都必须固定好，防止走行过程中坠落。走行轨道基础要稳固、线路的质量和标准符合规定。龙门吊上的所有设备和安全装置都要进行检查和试运转。

在龙门吊架梁时，其捆吊梁片、落梁就位、安支座等要求，均与架桥机的规定相同。用两台龙门吊抬吊架梁时，要有专人统一指挥，两台吊机的升降速度要一致，梁片两端的高差不得大于 30 cm。龙门吊应先将梁片吊高约 10～20 cm，拆除支护设备，经检查良好，方可再次提升。在墩顶落梁就位的速度要均匀平稳，对位时先落支座固定端，后落活动端，梁片两端支护稳妥方可松钩。

6. 浮运法架梁安全技术要求

浮运法架梁是把岸上拼装好的钢梁，滑移到两组浮运船上，用拖轮将浮运船只拖拉到桥孔间利用浮运船加水，或其他方法使其下沉，把钢梁落在墩上的架梁方法。

浮运船只的码头、组拼、加固及膺架安装，均应按规定进行设计，并严格按设计进行施工。浮船应按照浮运时抽灌水作业和浮船稳定性的要求，设置隔仓，隔舱要确保水密性能良好。浮鲸应进行详细的检测。

浮船甲板及膺架顶上的工作平台，均要有防护设施和防火设备，两船之间要满铺脚手板或满挂安全网。在船舱内进行加固等作业要加强通风，防止通风不良造成人员昏倒。

使用船舶浮运钢梁时，应指定浮运船的装梁、就位、落梁和抽灌水的施工细则并贯彻实施。

钢梁在浮运船上要支垫牢固，浮船在承受全部荷载后，露出水面的船舷高度应大于 50 cm，浮船纵横向的倾斜度不得超过 1%。浮运钢梁采用拖轮时，拖轮应能平衡风力和水流阻力。浮船拖至桥孔下游后，采用缆索和绞车牵引，使浮船平稳就位，拖轮应有备用。按设计要求布置和安装锚锭和地笼，主要的锚锭和地笼应经过拉力试验，合格后才能使用。要有专人负责检查在江中的锚锭和岸边的地笼，缆索应用埋入岸边或河身坚实的锚具固定，不得用普通的铁锚牵系。

水上作业要有救生船只和设备，人员应穿着救生衣。

浮运前还要与航运部门取得联系，要掌握水文和气象情况，要按规定设置标志和信号。

7. 钢梁悬臂拼装架设的安全技术要求

杆件的重量和重心应预先确定，并应根据拼装部位、杆件类别采用不同的吊具，挂上溜绳，杆件的棱角与吊具接触处要垫胶皮。膺架和基础要进行设计，并按设计施工，要进行试压。膺架上要有防护设施并经常进行检查。

在钢梁的通航孔和即将拼装的悬臂孔下，应挂设安全网，其宽度每侧应超出下弦杆外缘 4 m，如主桁两侧有公路托架，其宽度应超出托架外端不小于 2 m。安全网的长度应与桥墩相接，安全网要与钢梁底部保持最小距离，距地面、水面等应有适当的距离。

通航孔施工前要与航运部门取得联系，并设置标志和信号。应有救生设备和消防设施。

如采用托架拼装，托架要进行设计，并有足够的强度和必要的防护设施。

牵引车的行车速度要在 5 km/h 以内，在轨道前方装止轮器，牵引车和平车均应有制动装置。杆件拼装对位时，应用冲钉探孔，严禁用手检查和大锤冲钉过孔，工具等要装在工具袋内，所有材料和工具严禁抛掷。

桥上铺设的运输轨道中部，应密铺脚手板，轨道两侧各加铺 1.2 m 宽的人行道，设置避车台。上弦平面沿梁的中线铺设1.5 m宽的人行道，并架设一节铺设一节。

8. 预应力钢筋混凝土梁悬臂架设安全

连续梁0号段施工安全技术：连续梁0号段应在墩旁顺桥方向两侧设计组装托架，对托架进行压重试验，在托架顶面作业人员走行和站立处，应满铺脚手板，四周临空处应搭设栏杆，上下要有扶梯，要求托架基础和各部位承重后牢固稳妥。

在安装模板的过程中，模板就位后应支撑牢固，然后再松钩。

0号节梁体在灌注前，应在模板内外侧挂设梯子，根据需要搭设灌注平台。混凝土采用吊罐灌注时，模型内的作业人员要注意避让。

连续梁悬臂段施工安全技术：连续梁悬臂段施工应在0号段两端梁体安装扶梯、设置栏杆，沿0号段两端同步安装吊篮。拼装吊篮时应严格按照设计图和工艺规定进行施工，吊篮及锚固结构均应考虑足够的安全系数。拼装的同时应设置安全设施，如吊篮前端安装安全保险装置，铺满平台脚手板、栏杆，必要时挂好安全网。预应力钢丝束在张拉及退楔加油时，钢丝束两端严禁站人，操作者应站在两侧，危险区不准站人或通过行人。张拉完成后，向孔道压浆压力不得超过规定，压浆人员应戴护目镜作业。悬臂段梁体混凝土灌注，钢筋张拉等施工荷载，应与箱梁中心对称施工，尽量减少偏载，施工时，吊篮的悬臂部分，除张拉用的脚手平台和必须的工具不得任意增加荷载，悬臂梁段严禁超载。

9. 斜拉桥架设安全技术要求

斜拉桥架设在塔身立模前，应搭好脚手架，并铺好人行走道与栏杆。脚手架可临时锚固在塔杆上，每层脚手架之间的空隙应挂设安全网，两层网间不超过8 m，并设上下扶梯。塔身每次接高时，脚手架等安全设施必须先行设置。

张拉作业的处所，应搭设作业棚和工作平台，临空面要安装栏杆，走行道应满铺脚手板、挂设扶梯。双层作业时，应在其间安装隔离设施。

二、桥面系施工作业安全技术

钢梁的桥面系又称为明桥面，混凝土梁的桥面系又称为道砟桥面，桥面系施工主要有人行道、避车台、栏杆安装等项目。有关安全技术要求如下：

1. 明桥面的铺设

在钢梁安装好后，应把钢梁上的料具运走，拆除施工用轨道，整修可以利用的人行道，在梁下加设安全网，方可铺设桥枕。人工抬运桥枕应互相配合，走行同步，防止踩空扭伤。安装压梁木时，在桥下安装钩螺栓的人员，应搭好脚手板，挂好安全带，戴好安全帽，应防止大锤松落伤人。如遇有抽换桥枕时，应先将桥枕拴好保险绳，两人一前一后，协同动作，将旧枕抽出，穿入新枕，防止桥枕跌落伤人。

2. 道砟桥面铺设

机械铺设桥面轨排时，轨排吊离平车后应立即落低，轨排下严禁站人，工作人员应在轨排外两侧操作。

机械铺轨两组轨排安装夹板时，两组轨排的接头会出现高差，宜用起道机抬起一端，以利连接和安装夹板，但使用起道机人员严禁用力过猛，防止起道机滑脱而致人员摔伤。

人工铺轨时，严禁打甩锤，起钉人员不准在梁上的线路外侧坐撬起钉。

桥面轨铺好后，应进行整道作业，以消除硬弯、反超高、三角坑等缺陷，枕木头下应将道砟串满，不得悬空，以确保行车安全。

3. 人行道、避车台和栏杆安装

安装人行道和避车台的支架，应设置安全设备，如采用跨度不大于 2 m 的挂钩脚手板，脚手板要固定在脚手架上。如使用轻便小型独脚扒杆起吊支架时，应将扒杆捆牢，拉好缆风绳。工作人员应戴好安全带和安全帽。支架安装后，即可在支架上铺设脚手板，脚手板不得有探头。随后可以进行栏杆和人行道板的安装，人行道板应安装正确，装好一块固定一块，以免坠落伤人。

钢梁上下弦检查梯的安装，应先在地面上组装，再吊装。吊装时应先搭好脚手平台，并按起重安全技术要求吊装。

道砟桥面人行道上的检查梯孔口盖板，应随即盖好，以确保行人安全。

未通车或者步行板未钉好前，夜间不得行人。

第四章　铁路营业线轨道施工安全

在既有线上施工，轨道工程直接影响行车安全，最容易造成行车事故，要特别慎重，根据实际情况按照《铁路技术管理规程》、《铁路工务安全规则》等有关规定和要求，制定详细、严密、可靠的施工组织及安全技术措施，并认真执行，以确保行车和施工安全。

第一节　铁路营业线轨道施工安全的一般规定

改建既有线或增建与既有线并行的第二线的轨道施工，当既有线来车时，必须停止作业，人员和料具必须事先撤出既有线限界以外。在电气化线路上施工还要遵守相应的规定。由于施工需要，临时拆除的各种标志，应及时移设，恢复正位。

营业线轨道施工必须严格执行现行《铁路运输安全保护条例》、《铁路技术管理规程》、《铁路营业线施工安全管理办法》、《铁路工务安全规则》、《铁路线路修理规则》、《改建既有线和增建第二线铁路工程施工技术暂行规定》等的有关规定。

营业线轨道施工应考虑下列主要危险源、危害因素：

(1)施工防护主要危险源、危害因素，未按规定设置施工防护。

(2)施工命令主要危险源、危害因素，未确认施工命令、误判、臆测给点。

(3)轨道信号主要危险源、危害因素，施工前未经设备管理单位同意，擅自拆除轨道信号连线或轨道电路连线；电气化区段未设置轨道回流线。

(4)施工准备主要危险源、危害因素，施工准备时超范围作业；向营业线路内安放滑轨、预铺新设备或设备不平稳、垮塌侵入行车限界；工机具放置侵限；双线路段未设置安全红线或隔离措施。

(5)施工作业主要危险源、危害因素，施工作业没有统一指挥、现场组织混乱；工机具随手乱掷侵入邻线限界；拆除的钢轨、轨枕及其他材料侵入邻线限界；无缝线路区段超出锁定允许温度范围松动或拆卸扣件、扒挖道床、钢轨切口等作业；作业人员在行车线上行走、坐卧休息等。

(6)施工完毕主要危险源、危害因素，线路开通未按规定进行三方检查确认，盲目登记销点；线路设备未进行及时交接造成养护不到位或中断等。

营业线施工应编制专项施工方案，经审查、按相关规定报批后实施，其内容主要包括：

(1)工程概况、设计要求、技术难点、过程控制重点。

(2)施工方法、工艺要求、工艺流程。

(3)质量标准、关键技术控制。

(4)中度、重大危险源、危险因素。

(5)施工中安全应注意和重点控制的其他事项。

施工安全协议由施工单位与设备管理部门、单位和行车组织部门、单位按施工项目分别签订，明确双方的安全责任和义务等相关内容，未签订施工安全协议的不予审批施工方案，严禁施工。

营业线施工项目，开工前应按铁道部(或铁路局)有关规定，申报审批施工计划，未经审核批准严禁施工。

施工前，施工单位要提前向设备管理和使用单位进行技术交底，施工中应加强作业卡控，不应超范围施工，施工完成后，必须达到放行列车的条件并经设备管理单位确认后，方可申请开通线路。

营业线封锁区间或限速条件下施工时，应提前做好施工准备工作，并按铁道部(或铁路局)有关规定，办理封锁区间和限速申请，批准后方可进行施工作业。

营业线施工应按现行《铁路技术管理规程》和《铁路工务安全规则》设置施工安全防护，未设置好防护不应进行施工作业。防护设施与器材及应急防护备品应符合下列规定：

(1)铁路信号及标志应符合铁道部有关规定。

(2)施工临时道口应经铁路局组织验收后方可使用。其设施应比照有人看守道口相关规定设置和管理。电力牵引区段应按有关规定设置限高架。

双线或站线施工作业，施工单位除按规定设置施工防护外，还应在两线间加设安全红线(或隔离措施)，防止作业人员、施工机具侵入邻线限界。

封锁施工应在调度命令的起止时间内完成，作业完成后，经监理、施工、设备管理单位共同检查达到放行列车条件后，按规定办理开通登记和交接手续。

轨道项目施工完毕，应及时验收交接、拨接开通，未经验收合格的工程不应拨接开通使用。对动态验收的线路和道岔，由施工领导小组成员单位联合检查确认达到设计和验收标准要求，验收合格后方可开通。开通后由运营单位接管，开通 24 h 内施工单位协助运营单位进行维护。

营业线区间卸车应符合下列规定：

(1)区间卸车时，严禁机车与车辆摘钩。道砟应以 5 km/h 以下速度边走边卸；装运其他材料车不应边走边卸。

(2)双线区间卸车不应侵入邻线限界。邻线来车时，应停止向邻线一侧卸车。严禁打开两线间的车门。当卸车线高于邻线时，严禁向两线间卸轨枕等滚动重材。

营业线施工材料存放除应符合《铁路工程基本作业施工安全技术规程》(TB 10301—2009)的有关规定外，还应符合下列规定：

(1)施工中使用的钢轨、轨枕、扣配件、道砟、道岔等轨料严禁侵入铁路行车限界，应放置平稳，必要时应采取加固措施。

(2)拆卸的旧轨料应及时清理出铁路行车限界，按指定地点堆码稳固。

营业线施工严禁联电，并应符合下列规定：

(1)在轨道电路区段和绝缘接头附近作业时，不应使用没有绝缘装置或绝缘装置不良的金属机具。

(2)抬运钢轨、辙叉等金属物体，不应担在两股钢轨上。

(3)在钢桥上施工，不应把联结钢梁杆件的金属线绑在螺栓或道钉上。

(4)在线路、桥梁上作业，应防止碰断、损坏电务送变电线和电缆。

【案例】2009 年 7 月 17 日 23 时 4 分，某工程局在上跨南昌局杭深线温福段下行联络线的闽江大桥施工中，因未采取有效安全防护和看守措施，造成接地电缆线固定不牢坠落，缠绕在鼓山 2# 隧道与燕前 1# 隧道间接触网 8# 杆附近的承力索上，烧断承力索，同时接地产生大电流烧坏 8# 杆附近、燕前 23 隧道内信号电缆及通信光缆等设备，并将通过此处的 DH5511 次动检车 4 号受电弓刮坏，构成铁路交通一般 C 类事故。

(5)防止扣轨梁联电，道口钢筋混凝土板钢筋头联电，轨端有飞边突尖联电，单轨车、接固架等机具的走行轮通过绝缘接头时联电，道岔配件脱落联电，散置在线路上的钢轨、道岔等金属物受振动移动联电等。

【案例】 2009 年 7 月 16 日 7 时 30 分，某局在没有调度命令的情况下，部分作业人员擅自上道处理济南局胶济线潍坊西站 13# ～19# 交叉渡线岔心连接垫板距离过近的隐患，因卸下的扣件随意丢放，造成 ω 型弹条扣件封联 15# 岔心渡线绝缘、17# 岔心渡线绝缘处钢轨垫板，导致 11DG 红光带，处理后 7 时 55 分恢复正常，构成铁路交通一般 C 类事故。

第二节 改建营业线

改建营业线施工，铁路局、铁路局运输处、车务段应根据施工等级成立相应的施工领导小组，负责组织相关部门和单位协调解决施工、运输、安全等问题以及施工现场的组织协调工作，做到运输、施工统筹兼顾，维护施工期间的运输秩序，确保行车和施工安全。

营业线改建施工前，施工单位应根据轨道设计文件，对作业现场的作业环境和条件，进行详尽的调查，制定安全的施工方案。

施工单位应根据批准的施工计划，在正式施工 72 h 前，应向设备管理单位提出施工计划、施工地点及影响范围。设备管理单位接到施工请求后，应对施工方案和计划影响范围进行核对，并派员进行施工安全监督。

施工前，设备管理单位应积极协助设计和施工单位核查既有设备情况，提供地下管、线、电缆等隐蔽设施的准确位置。无法提供准确位置时，由设计单位会同施工、设备管理单位共同探查、核实，规划防护范围，并签订安全协议，明确各方的安全责任。

【案例】 2006 年 9 月 29 日 18 时 18 分，中铁某局在青藏线德令哈站施工时将东岔区主电缆挖断，造成东岔区出现红光带，22 时 41 分开通，构成行车一般事故。

施工中，施工单位应对施工区域内影响施工作业的既有设备，采取可靠的防护措施加以保护。

改建营业线应按规定报批施工方案、请点、防护、作业、验收、开通和交接。

营业线改建、拆铺线路、道岔、轨道过渡工程以及临时道岔、便线施工作业应符合下列规定：

(1)营业线改建、拆铺线路和道岔、轨道过渡工程以及临时道岔、便线施工前，应做好人员、机具、设备等准备工作，并保证机具设备性能良好。

(2)根据报批的改建、拆铺以及临时设施施工计划，做好书面安全技术交底工作，交底要详尽。

(3)营业线拆铺线路和道岔，应在封锁线路的条件下进行。

(4)封锁命令下达前不应进行施工相关作业，施工命令下达后，施工负责人要确认施工命令内容，防止误判、臆测给点。

(5)施工准备时不应超范围作业；向营业线路内安放滑轨、预铺新设备或搭设滑移平台时，要防止滑轨、设备或平台垮塌侵入行车限界；工机具放置有序、稳固，防止侵限；双线区间施工必须设置安全红线或隔离措施；无缝线路区段不应在超出允许轨温范围以外进行松动或拆卸扣件、扒挖道床、钢轨切口等有碍行车安全的作业。

(6)在自动闭塞区段拆铺线路和道岔，作业涉及道岔联锁、轨道电路、通讯信号等设施时，施工命令下达后，由设备管理单位拆除施工区段影响作业和信联闭的轨道电路设施，施工单位不应随意剪断计划拆除的设备任何部位的轨道电路，只须做相关拆铺工作。

(7)电气化区段施工时，施工前应加设轨道回流线，施工中要防范调网作业工具、材料坠落伤人。相关安全规定按铁道部现行《铁路行车线上施工技术安全规则》有关规定执行。

(8)施工作业时，必须统一指挥，严密组织，严格控制施工范围，不应超出施工命令规定的范围，所用工机具不应随手乱掷。

(9)施工作业完成，应按规定进行检查，确认达到放行列车条件后，方可登记销点开通线路。开通前应将施工机具、新旧路料分类清理到限界以外并堆码整齐。

(10)线路或道岔经检查确认达到放行列车条件开通使用前，施工单位必须按报批的施工方案、命令规定的速度，设置防护标志，防护办法按规定设置。

(11)线路或道岔开通后，施工单位在规定的时间或列车趟数内，要对新铺线路设备进行养护作业，并按规定及时与设备管理单位进行交接。

(12)施工单位应在开通的线路或道岔限速区段设置测速仪。

营业线换铺无缝线路应符合下列规定：

(1)无缝线路换铺作业必须在封锁线路的条件下进行。

(2)换下的旧轨应及时回收，存放在线路附近的要清理出限界，摆放牢固。

(3)待换的长轨必须采取加固措施，防止在跨越信号机两端处侵线联电。

(4)铺设时应按设计轨温锁定，如不符合设计要求，必须重新进行应力放散。

(5)对焊接接头应及时进行探伤检查，发现问题及时处理。

线路拨移应符合下列规定：

(1)线路拨移前应设置拨移控制桩，标明拨移量，避免盲目拨移线路。

(2)拨移准备工作必须符合列车放行条件，严禁超挖、超前和超范围准备。

(3)无缝线路区段，应提前进行应力放散。未放散区段，超出锁定轨温允许作业范围严禁挖开道床。

(4)采用滑轨拨移线路作业时，未封锁线路前，严禁向线路内穿放滑轨。

(5)曲线地段(改移路基的软硬密实度不均)，线路就位后应使用机械捣固、稳定。

(6)要点施工其他注意事项应符合有关规定。

站场改造应符合下列规定：

(1)站场股道升级、换铺道岔应在封闭条件下进行，并按规定设置好防护。

(2)预铺轨节或道岔的场地应平整，拼装好的轨节或道岔以及其他材料不应侵入行车限界。

(3)采用平台滑移轨排或道岔时，预铺的平台应稳固可靠，平台和预铺好的设备不应侵入行车限界，并采取失稳加固措施。

(4)轨节或道岔预铺完成后，要及时做静态验收，各部位几何尺寸满足设计要求。

(5)拆除的旧轨道设备材料如：钢轨、轨枕、岔轨、岔枕、连接配件等应放置有序，严禁掩压、碰撞行车设备，确保邻线行车安全。

(6)在行车密度较大，线间不足 6.5 m、行车速度大于 160 km/h 及以下线路作业，应请求办理邻线限速慢行，并按规定设置安全防护和隔离措施。

(7)轨道升级、换铺道岔施工破底清筛道床或使用大型机械设备配合施工时，邻线来车时应停止施工，设备不应侵入行车限界。

(8)施工准备和施工作业时，严格按照批准的施工范围进行施工，严禁超范围准备、超范围施工。

(9)须跨线滑移预铺轨节、道岔作业，必须请求封闭所跨邻线进行施工，封闭邻线的时间，按调度命令规定的时间实施，正点开通，不应延误。

(10)轨节、道岔铺设或滑移完成后，应按规定进行验收开通。

轨道过渡工程应符合下列规定：

(1)轨道过渡应根据设计文件，对现场进行核对，过渡工程施工方案应与铁路局设备管理部门(单位)共同协商，并对方案进行相应的论证，报铁路局运输部门或铁道部批准后，方可实施。

(2)过渡工程开通的速度和运行速度由施工单位依据设计和施工资料提出申请，经运营单位审查后确定。验收合格的过渡工程，由运营单位维护，开通 24 h 内，施工单位协助运营单位进行维护。

(3)普通到发线路临时替代旅客列车到发线时，应采取保证旅客上下车和通行的安全措施。

(4)站线或其他线临时替代正线时，应先确认线路行车条件和状况，必要时应采取改造或其他安全措施。

线路整道和维修应符合下列规定：

(1)线路整道、维修工作应在维修“天窗”点内进行。

(2)桥上作业，列车通过前，施工人员应有秩序地撤到桥外或避车台上，所用工具不应堆放在轨道限界内。

(3)在双线区间作业，当邻线来车时，必须停止作业，下道避车，严禁站在两线间或跨越邻线避车。

【案例】湘黔铁路怀化铁路总公司管内“5·28”重大死亡事故

(1)事故概况

2001 年 5 月 28 日 7 时 30 分左右，广铁集团怀化总公司怀化工务段综合领工区施工负责人、防护员带领 29 名农民工，由驻地到辰溪站至小龙门区间下行线 K390＋800～K390＋917 地段拟利用列车间隔时间进行清挖翻浆作业。作业中，作业负责人兼安全质量员负责质量检查并兼上行线安全防护工作；安全防护员担任下行线专职防护工作，防护站位点选择在 K390＋750 处上行左侧养路机械停放平台上；农民工队由农民工队队长带队分为 14 个小组，每小组 2 人作业。

中铁五局集团公司电务工程公司电气化一段安装轨道作业车由副司机和联络员俩人值乘，车次为 56011 次，车型车号 DA3 型 315—003，列车编组为轨道作业车联挂一辆 60 t 平车，平车上平放 3 台作业梯车。11 时 27 分，依令 56011 次轨道作业车组由副司机驾驶自辰溪出发，下行线推进运行，联络员坐在驾驶室后面司机座位。11 时 31 分左右，56011 次轨道车组以 60 km/h 推进运行。此时上行线 19010 次货物列车行至 K390＋700 地段附近，作业负责人站在下行线 K390＋910 处发现来车，立即吹口笛，呼喊农民工下道避车。同时站在上行线左侧 K390＋750 处养路机械停放平台上防护员也发现来车，并反复吹口笛呼喊农民工下道。此时

19010 次货物列车与轨道作业车在 K390＋600 附近交会，由于轨道作业车组运行超速，将未下道避车的作业农民工碰撞，造成农民工 3 人死亡，6 人受伤，构成重大死亡事故。

(2)事故原因及责任

此次事故是轨道车司乘人员一系列违章、作业农民工违章和安全防护措施不力所造成的，是一起重大责任事故。中铁五局集团公司电务工程公司司乘人员，违反铁道部《轨道车管理规则》等有关规定，违章作业，由中铁五局集团公司电务工程公司负事故的主要责任并承担事故统计。怀化铁路总公司怀化工务段在线路上进行维修作业违反"邻线来车本线下道"的规定，安全防护不力，应负事故的重要责任。

(4)电气化区段线路维修作业时，应按铁道部现行《电气安全规则》有关规定执行。

(5)维修作业收工时，机具应停放在限界以外，覆盖机具的篷布必须捆扎牢固，防止刮风吹散侵入限界。

(6)在营业线上使用的起道机必须具有速降装置，严禁使用齿条式起道机进行养护维修作业。

(7)线路维修作业涉及道岔联锁、轨道电路、通讯信号等设施时，应有设备单位人员配合。

(8)线路整道应符合下列规定：

①经整道的线路应及时补充道砟。

②在已卸道砟上不应再卸其他轨料，应将轨料卸在限界以外，并堆放稳固。

③线路经过整道后应逐步恢复常速。

④线路上砟整道地段与相邻地段衔接处，应有不小于 5‰的顺坡长度。

(9)线路维修应符合下列规定：

①线路维修起拨道地段，要有足够的道砟，一次起道量不得超过 40 mm。

②起拨道后的线路要及时找平小坑，消除三角坑以及高低超限，并及时捣固，做到一撬一清。

③线路维修作业时，应加强对钢轨、轨枕、接头、配件进行探伤和失效报废检查，标明符号，及时更换，轨道材料失效报废标准执行铁道部现行《铁路线路修理规则》规定。

无缝线路维修作业应符合下列规定：

(1)无缝线路起拨道作业，应按规定的作业温度条件执行。

(2)起道前必须拧紧全部扣件(或打紧浮起道钉)，拨正线路方向，防止作业时线路产生纵、横向移动。当线路方向发生显著不良时，应立即停止作业，迅速浇水降温，然后进行拨道等，必要时可限速通车。

(3)起、拨道时，不应将起、拨道机具放置在焊缝处。

(4)伸缩区防爬器成段失效时，应在实际锁定轨温±5 ℃范围内进行整修。

机养作业应符合下列规定：

(1)大型养路机械施工，应在施工天窗点内进行，并办理相关封闭要点作业手续，施工天窗时间一般不少于 180 min。

(2)大型养路机械的驻站与作业地段的距离不应过长，一般不超过 25 m，通讯设备保持良好。

(3)无缝线路区段机养作业应符合下列规定：

①安排无缝线路机养封锁施工的天窗，应避开高温时间。

②施工前，设备管理单位应将该段线路实际锁定轨温及安全起、拨道量等技术数据交机养

施工单位，并备足道砟，调直钢轨，拧紧螺栓。

③作业时，应派专人在施工地段测量轨温，在实际锁定轨温增减 10 ℃范围内容许作业。木枕无缝线路和半径小于 800 m 的曲线地段，作业轨温应按上述要求轨温上、下限再减少 5 ℃。

④捣固车、动力稳定车、配砟整形车应紧密配合，形成流水作业，确保作业后的线路迅速得到稳定。

⑤营业线上作业时，捣固车一次起道量不得超过 50 mm，起道量超过 50 mm 时应分两次起道捣固；一次拨道量不得超过 80 mm。

⑥作业中，机组人员应随时监测线路变化，发现胀轨迹象，要立即停止作业，迅速组织抢修队伍进行处理，并使大型养路机械安全退出胀轨现场。

⑦施工作业期间，机养施工单位和设备管理单位必须分别派驻站联络员 1 名，以便传达慢行、封锁、开通命令及预报列车往来情况。

⑧大型养路机械作业区段的安全防护由机养施工单位设置，随机防护。大型养路机械作业区段两端及区段内的道口、桥梁的安全防护由设备管理单位设置。

⑨作业结束后，列车放行条件由机组人员和设备管理单位有关人员共同确认。

⑩作业后 3 日内，应派有经验的巡查人员巡回检查线路状况，发现胀轨或断轨预兆及时处理。

营业线施工作业人员应遵循下列安全规定：

(1)不应在铁路道心内、轨枕头和线间距小于 5 m 的两线间行走、坐卧；行车速度大于 160 km/h时，严禁在两线间停留或跨越邻线避车，所持料具不应侵入建筑限界。

(2)严禁随意横越铁路。确因施工需要，横越铁路时，应按现行《铁路工务安全规则》规定设置防护。

(3)不应钻车、扒车、跳车或通过车底部、车辆连接处传递料具。

第三节　增建二线铺轨

1. 铺架设备上线应符合下列条件：

(1)架桥机、铺轨机设备技术状态必须始终保持良好，并经过营业线车站、车辆等相关部门检查合格后方准上线运行。

(2)架桥机、铺轨机出车前，应对设备的走行、制动、油路、电路、起吊装置及车内备品、信号用具等进行全面检查，确认完好齐全后方准出车。

(3)架桥机、铺轨机应配备通讯设施及灭火器材、防护信号用品。按机组配备起复设备及防溜设备，并经常保持完好，缺少或损坏时，应及时补充或恢复。

2. 施工作业前准备应符合下列规定：

(1)严格执行施工所在地铁路局的《铁路行车组织规则》、《铁路营业线施工管理办法》、相关车站的《铁路车站行车工作细则》和其他有关行车和施工安全的规章及规定。

(2)施工单位应组织相关人员进行现场调查，掌握施工地段线路设备状态以及线路坡度、曲线、道口、桥梁、隧道及信号设备位置等情况。

(3)施工单位根据现场调查情况编制安全施工方案，并按有关规定进行报批。对有影响施工的既有设备，要及时与设备管理单位沟通，并根据报批的施工计划，向设备管理单位进行书面交底，请求现场配合。

(4)铺架设备及施工列车自铺架基地至施工现场需要经过营业站时，应按所在路局规定报批施工计划。

3. 施工作业登记应符合下列规定：

(1)铺架作业前，施工单位、设备管理单位应按行车单位批准的作业计划，在规定的车站进行施工登记。

(2)登记的内容具体包括：施工作业内容、起止时间、地点、命令号、配合监管单位等。

(3)车站值班员填写施工作业给点命令后，驻站联络员及时准确通知施工负责人按作业时间组织铺轨机或架桥机及施工列车进入施工区段。

4. 铺架设备运行及作业安全应符合下列规定：

(1)铺轨机或架桥机进退机前，施工单位负责人、安质人员、施工技术人员应对走行线路质量进行检查，线路技术状况满足过车条件后，施工负责人方可下达进退机命令。

(2)铺轨机或架桥机进退机时，施工单位必须有队级以上领导、安质、机械和施工技术人员现场监察。

(3)凡有碍营业线安全的铺轨架桥施工地段，按施工要点计划、调度命令及现行《铁路技术管理规程》、《铁路工务安全规则》中的要求设置好防护，方可进行铺架施工作业。

(4)铺架设备和工具不应侵入限界。

(5)铺轨架桥作业遇到线间距小于 4 m 时，应采用线路偏铺的方式，不应影响营业线的正常行车。

(6)在已完成的新铺线路上，铺轨机或架桥机自轮运转速度不得大于 15 km/h。

(7)在线路并行地段立倒装龙门架时，应利用施工“天窗”进行，严禁利用列车间隔时间进行作业。

(8)线间距小于 5 m 地段，营业线来车时，应立即停止铺架作业。

(9)铺架施工作业过程中，严禁施工人员站在营业线上。

(10)在小曲线半径的内曲线和线间距小的地段，应采用拨移施工线路等措施，防止铺架机械大臂侵入营业线限界。线路不能拨移时，要利用施工“天窗”点进退机，严禁盲目运行。

(11)确保营业线行车安全及铺架机械进退机的安全运行，线路整修及起道作业过程中，应执行下列规定：

①设置施工防护后，方准进行作业。线路未达到放行铺架机的条件，禁止撤出防护和放行铺架机。

②每次起道量不得大于 150 mm，轨枕应在钢轨两侧 450 mm 范围内均匀捣固密实。

③线路上砟整道地段与相邻地段衔接处应以不大于 2‰的坡度顺接。

④轨道铺设完成后应立即进行重点整修。拨顺线路方向，消除反超高和三角坑，严禁在线间距 4.2 m 及以内地段出现负偏差。

⑤及时养护新铺线路，缩小荒道的长度，确保铺架机和施工列车的运行安全。

5. 铺架机械区间停放应符合下列规定：

(1)区间停放铺架设备地点应选择路基较低，线间距大于 4.2 m 的直线地段，路基坚实稳定。停放在曲线上时，应停放在曲线半径大于 80 m 的地段，大臂应摆向邻线反方向，确保不侵入限界。

(2)司机室、操作室应收回，摆正大臂，靠邻线一侧无悬挂物。

(3)做好防溜措施，打 8 只以上止轮器(下坡方向打 6 只，反方向打 2 只)，楔紧木楔，将铺架机械手制动扳到制动位置。

(4)设专人看守防护铺架机械，看守人员应配备通讯和防护设备，确保通讯畅通，防止意外事件发生。

6. 线路拨接应符合下列规定：

(1)根据设计资料，施工单位应组织相关人员对拨接现场进行复查，按规定编制、报批实施性施工组织方案、施工作业指导书和技术交底书。

(2)拨接施工前的准备工作不允许超前、超限，必须按施工放行列车条件的要求进行预备作业。

(3)对有可能影响轨道电路和信号的准备作业时，必须在设备管理单位人员的指导和配合下进行，不应随意拆除连接线及绝缘设施，对有可能连电的作业工点，必须加装绝缘保护，防止工具连电而影响行车信号。

(4)在拨接施工实施前，驻站联络员应根据批准的施工计划，向车站值班员办理登记要点申请封锁施工手续。

(5)施工负责人接到封锁施工命令后，必须确认施工起止时间，下达设置防护命令，按现行《铁路技术管理规程》、《铁路工务安全规则》的要求设置防护。施工负责人确认防护工作已就绪，方可下达开工命令。

(6)施工中，设计、监理、设备管理单位、施工单位应严格按审定的方案监督和组织施工，随时掌握进度与质量，消除不安全因素。

(7)拨接施工完毕，线路开通前，设计、监理、设备、施工单位要认真进行质量检查，确认线路设备达到列车放行条件，方可办理开通交接手续。

(8)拨接施工后，在 24 h 内，施工单位应配合设备管理单位巡养线路。

(9)线路开通巡养期间须使用液压起拨道器，严禁使用齿条式起道机进行养护作业。起道作业时，必须使用带绝缘的水平道尺。

第四节 机械设备的使用

一、轻型车辆和小车的使用和管理应遵循的原则和规定

(1)轻型车辆和小车原则上只允许在施工作业时和昼间使用，夜间使用或遇暴风雨等恶劣天气，仅限于消除线路故障和执行特殊任务，但必须有照明并挂红色信号灯。

(2)使用轻型车辆时，须取得车站值班员对使用时间的承认，并填发轻型车辆使用书，如是在区间电话联系的，双方分别填写，并在承认时间内撤出线路。

(3)使用各种小车时，施工领导人应了解列车运行情况，按规定设防护，并在列车到达前撤出线路。

(4)轻型车辆和小车应放置在固定的安全地点并加锁，使用前应进行检查，确认状态良好时方可使用。

(5)各种小车不得交给劳务工单独使用，劳务协作人员需使用小车时，应由正式职工带领，并负责联系和安全防护工作。

【案例】手推四轮平板小车下道不及时撞击列车

(1)事故概况

2009 年 7 月 26 日 20 时 27 分，由于中国铁路通信信号上海工程有限公司温福信号项目部(下简称：通号公司温福信号项目部)违反有关规定，在漳湾隧道内(杭深线 K788＋626 处)

进行信号设备硬化施工，所使用的手推四轮平板小车下道不及时，被从霞浦方向开来的57103次路用列车撞上，造成鹰潭工机段大机捣固车03008# 大机D点小车与四轮平板小车卡在一起，D点小车被拱起，部分部件严重变形，D点小车整体遭到严重破坏，无人员伤亡。

(2)事故经过

2009年7月26日19时，通号公司温福信号项目部施工作业人员准备到漳湾隧道进行信号设备硬化施工，在卸料的时候私自打开杭深线K788+860处防护栅栏的门（用铁线绑扎），被现场辅警人员阻止并报告宁德派出所。在动车通过现场后施工作业人员开始往线路上运砖头、水泥、沙石料等，派出所人员赶到后把施工队长张某带去派出所做询问。而其他施工人员则利用自制的四轮（带绝缘）手推小平板车继续往漳湾隧道内运料。19时30分由鹰潭工机段值乘的57103次路用列车从霞浦站开出，20时03分福安正线通过，20时27分57103次（速度60 km/h）行至福安站至宁德站间下行线漳湾隧道内（杭深线K788+576处），捣固车司机邓某、副司机刘某、负责人伍某突然发现前方50 m左右有人从线路道心内往隧道左侧水沟电缆槽盖板上跑，同时发现线路上摆放有不明物体，立即采取紧急制动，但由于惯性作用，57103次路用列车在漳湾隧道内（杭深线K788+626处）撞上线路上的一辆手推四轮平板小车，于杭深线K788+716处完全停下来，走行90 m左右。造成鹰潭工机段大机捣固车03008#大机D点小车与四轮平板小车卡在一起，D点小车被拱起，部分部件严重变形，D点小车整体遭到严重破坏，无人员伤亡。

(3)事故原因

事件发生后，东南公司安质部于2009年7月28日上午召开了分析会，经调查分析，本次事件的原因如下：

①事件直接原因。一是通号公司温福信号项目部违反铁道部《关于印发〈铁路营业线施工安全管理办法〉的通知》（铁办〔2008〕190号）第15条“影响行车或影响行车设备稳定、使用的施工项目未经申报批准严禁施工……”的规定，在漳湾隧道内进行信号设备硬化施工前未申报并经批准，擅自施工；二是通号公司温福信号项目部违反《技规》第321条“轻型车辆仅限昼间封锁施工作业时使用……”的规定，用自制的四轮（带绝缘）手推小平板车运砖头、水泥、沙石料等，违章使用非标轻型车辆；三是通号公司温福信号项目部违反《南昌铁路局营业线施工及安全管理细则》（南铁办字〔2008〕222号）第46条“施工和维修作业时，施工单位（含代理单位）在车站行车室设驻站联络员，施工地点设现场防护员……”的规定，没有同车站值班员联系，没有派驻站联络员，小车两头没有派防护员，而且当派出所把施工负责人兼防护员带走后，4个农民工在没有施工负责人和防护员的情况下，盲目继续上道作业；四是通号公司温福信号项目部违反南昌铁路局《关于公布〈温福铁路联调联试及试运行期间施工组织〉的通知》（南铁办〔2009〕448号）第2款第1点“行车不施工、施工不行车”的规定，利用行车间隙时间进行施工作业；五是通号公司温福信号项目部违反南昌铁路局《关于做好温福线联调联试期间安全工作的通知》（南铁办字〔2009〕446号）第3款第3点“因施工需要而设置的临时开口，相关派出所审批后由施工单位负责管理并派人防护……”的规定，未报派出所审批，擅自打开栅栏，进入栅栏内作业。以上是造成此次事件的直接原因。

②事故的间接原因。一是通号公司温福信号项目部施工安全管理不到位，未认真执行营业线施工安全有关规定；安全措施不落实，施工作业前，项目经理对施工现场领工员、工班长、安全员及劳务人员的技术交底和安全交底不到位，现场施工安全失控；安全教育培训不到位，特别是劳务人员业务知识、安全知识匮乏，既无安全防护知识，也无应急处理能力，遇到危及行

车安全的紧急情况不知如何处理;安全防护用品使用不到位,夜间施工未按规定穿带有反光条的防护服。二是北京铁城温福四电监理站现场监督检查不到位,对一再发生的违章施工行为未及时发现并督促整改。以上是造成此次事件的间接原因。

二、使用轻型车辆和小车必须具备的条件

(1)有经使用单位指定的使用负责人。

(2)须有足够的人员,能随时将轻型车辆和小车撤出线路。

(3)应备有防护信号、列车运行时刻表、钟表,轻型车辆还应有无线电话。

(4)轻型车辆应有制动装置(其他非机动车辆根据需要安装),并持有年检合格证;牵引拖车时,连挂处应使用自锁插销,拖车必须有专人制动。

(5)有轨道电路的线路和道岔上运行时,车轴应绝缘。

三、使用轻型车辆和小车防护要求

(1)在线路上人力推运各种轻型车辆,应派防护员在车辆前后各 800 m 或规定的防护距离处显示停车手信号,随车移动,如瞭望条件不良,应增设中间防护员。

(2)使用小车,应有专人随车显示停车手信号,并注意瞭望。使用装载较重的单轨小车及瞭望条件不良区段内使用各种小车时,也应办理防护。

在双线地段,单轨小车应面对来车方向在外股钢轨上行驶,并注意瞭望。如推运土石方及笨重物料时,除有足够跟随人员外,还应在来车方向设专人防护,并按规定设置移动停车信号。

(3)轻型车辆遇特殊情况不能在承认时间撤出线路,或小车不能随时撤出线路时,应在车辆前后各 800 m 距离放置响墩,并以停车手信号防护。

(4)跟随列车后面运行时,应与列车尾部保持至少 500 m 的距离。

(5)运行中须显示停车手信号,并注意瞭望。在双线地段遇邻线来车时,应暂时把停车手信号收回,等列车通过后再显示。

(6)在车站内使用装载较重的单轨小车及人力推运的轻型车辆,须取得车站值班员的承认手续,并在其前后各 50 m 处显示停车手信号,随车移动,精心防护。单轨小车不得在靠站台一侧的钢轨上行驶。

【案例】使用小车未按规定设置防护导致险性行车事故

(1)事故经过

2006 年 8 月 3 日,30092 次货物列车(司机蔡泽龙、副司机林小兵,编组 48 辆 3 968 t,换长 69.5)运行至湘黔上行线水花—大石板间梁家沟隧道内 100 m 左右时,司机突然发现运行前方约 80 m 处左侧钢轨上有装载液压起道器的推车,立即采取非常停车措施,因制动距离不足,撞上后于 7 时 02 分在 K633+080 处停车,构成行车险性事故。

(2)事故原因

凯里工务段大石板工区 8 月 3 日在湘黔上行线水花—大石板间梁家沟隧道内进行线路补修作业,当 30092 次货物列车邻近时,现场防护不到位,装有小型养路机械的推车下道不及时,严重违反《铁路工务安全规则》第 2.5.2 条中“使用各种小车时,施工领导人应了解列车运行情况,按规定设置防护,并能在列车到达前撤出线路”的规定,是造成这起事故的主要原因。

四、使用轻型轨道车的安全要求

(1)驾驶员必须经过培训,考试合格,持有驾驶证的专业司机驾驶,并熟悉铁路行车知识和车辆技术状态。

(2)轻型轨道车过岔速度不得超过 15 km/h,连挂拖车时,不得推进,并不得与重型轨道车连挂运行。

(3)上道要做到"一抬车、二连接、三装载、四乘人、五确认"(确认车辆连接牢固、料具摆放妥当、人员坐稳扶牢、展开红色信号),方可鸣笛启动。

(4)下道时要做到"一停稳、二下人、三卸料、四解体、五抬车、六确认"(无任何料具侵入限界)。

【案例】10 月 24 日 2 时 17 分,中铁某局轨道车 56603 次(317—0086 号)运行至太原局大秦线重车线延庆—下庄间 K278+960 处(军都山隧道内),与前行的 77007 次 2 万吨列车发生追尾,造成第一位作业车、第二位轨道车脱轨,随车运输的电杆侵入空车线,中断重车线行车 11 小时 31 分,中断空车线行车 7 小时 27 分,并造成一人死亡,一人受伤。构成铁路交通较大事故。

事故的主要原因是该局轨道车司机在运行监控装置故障的情况下,既未按规定汇报、处理,又未按规定速度运行,且间断瞭望,发现红灯停车不及,冒进信号与前行列车追尾造成的。

五、使用单轨车的安全

(1)每次使用必须有负责人同行,负责人在使用前要了解列车运行情况,并向全体人员公布。

(2)推行速度不超过 5 km/h。

(3)使用单轨车应做到九不准:不准乘坐单轨车;不准两人同掌一个车把;不准使用状态不良的单轨车;不准推车人员走钢轨顶面或跑步推车;不准在推车时闲谈、说笑、打闹;不准超载、偏载或横装料具;不准在列车到达前抢道;不准无绝缘装置的单轨车通过道岔的极性接头及自动闭塞区间;不准交临时工单独使用。

六、换轨车与收轨车作业安全

(1)换轨车作业时应注意作业安全,防止钢轨下落、入槽过程中压伤、挤伤手脚。

(2)换轨作业牵引速度应小于 5 km/h。

(3)使用收轨车收轨作业时应保持钢轨同时起落,装车时应确保钢轨均匀放置在车体左右二侧,防止压翻车体。

七、铺轨机作业安全

铺轨机使用应符合下列规定:

(1)机车推送轨排车与主机连挂时,主机空气制动系统处于缓解状态,机车走行速度不得超过 3 km/h,并禁止在轨道尽头由机车连挂。

(2)起升、运行、走行应统一指挥。

(3)铺轨机作业时,大车走行时应先鸣笛,小车走行时应先打铃。制动系统风压不得低于 5 kPa。

(4)轨排倒装龙门吊长时间停车时,车轮必须用夹轨器止动,大风时,必须采取防风措施。

第五节　拆铺线路与道岔

一、拨　　接

1. 准备工作

(1)拨接施工前的准备作业不允许超前、超限,必须按施工放行列车条件的要求进行。

(2)对有可能影响轨道电路的准备作业,必须在电务人员的指导和配合下进行,不得随意拆除连接线及绝缘设施,必要时对工具加装绝缘保护,防止影响信号。

(3)为确保施工与行车安全,既有线无缝线路拨接地段应先放散应力,待拨接工作完成线路稳定后,再放散应力到锁定轨温。

(4)在电气化区段施工,施工前施工单位应与铁路供电部门签订安全协议,并指派专人负责与电调和接触网工区的联系。

(5)在高温季节施工,施工前应测量既有线轨缝,必要时应进行轨缝调整,避免影响钢轨合拢或道岔构件的就位。

(6)在低温季节施工,要注意气温变化,特别是在寒流到来时,要加强巡查,防止连接零件折损。

2. 拨接施工

施工中要加强安全防护工作,在工程结束后要进行检查,只有达到放行列车条件时才允许开通线路。

3. 开通后的线路养护

拨接施工完成后,如未办理验交手续,则由施工单位负责线路的巡查和养护,施工单位应派专人日夜巡查并作好检查记录。

二、无缝线路地段施工

在无缝线路地段施工要特别注意防止胀轨跑道。

1. 防胀准备工作

要查清所施工的无缝线路的锁定轨温;做好防爬锁定,整修扣件,矫直钢轨硬弯,打磨或焊补不平顺焊缝,处治翻浆,适当堆高砟肩、夯拍道床等;备齐料具,找好降温水源;应根据季节特点、锁定轨温和线路状态,合理安排作业计划,调整施工作业时间。

2. 防胀注意事项

进行无缝线路维修作业,必须掌握轨温,观测钢轨位移,分析锁定轨温变化,按实际锁定轨温和规定的作业轨温条件进行作业。

3. 胀轨、跑道的处理方法

(1)当发现线路连续出现碎弯并有胀轨迹象时,必须加强巡查和监视。

(2)养护维修作业中,发现轨向不良等异常情况时,必须采取防胀措施。

(3)无论是作业过程中还是作业后,发现轨向不良,应进行测量,根据测量结果采取慢行或封锁,并采取相应的处治办法。

(4)发生胀轨跑道后,可以采取浇水或泼撒液态二氧化碳等办法降低轨温。如经多次降温仍然不能恢复的,可以从跑道两端向中间拨成大于 200 m 的反向曲线并限速 5 km/h 放行列车。

三、在有轨道电路的线路上作业

在有轨道电路的线路上作业时要注意以下几个方面：任何作业不得破坏导电接头、绝缘接头和引入线的完好状态；不得使两股钢轨短路；为了提高轨道电路绝缘电阻，防止道床顶面道砟接触轨底，道床顶面应低于轨枕顶面 20～30 mm；要保持绝缘接头的良好作用，防止钢轨爬行造成轨缝挤严，在绝缘接头前后各 75 m 线路范围内加强线路防爬锁定。

四、铺设临时道岔

(1)在区间铺设临时道岔，正线与区间岔线衔接处应铺设安全线，道岔施工完毕后，未经验收不得启用。

(2)在站内铺设临时道岔，岔线衔接处应设安全线或脱轨器；衔接正线、到发线的道岔应设电锁器或电动转辙机，并与有关信号机连锁；安全线道岔或脱轨器也应与有关信号机连锁；施工单位应指派经培训考核合格的扳道员管理道岔。

(3)道岔铺设后应由施工单位钉固加锁，钥匙交车站值班员保管，并由施工单位安排人员日夜看守。在施工过渡或道岔无连锁期间，新铺道岔所连接的岔线(工程线)只能放行工程列车或单机。

第五章 铁路营业线隧道施工安全要点

在行车线上或靠近行车线施工与勘测设计，必须把行车安全放在一切工作的首位，严格照章办事，加强施工纪律，确保安全生产。

一、隧道改建、加固的一般规定

(1)在运营线上改建隧道，应确保行车安全。改建施工方案应根据改建的部位和要求，结合铁路运输情况，综合考虑制定。

(2)全面改建的隧道，宜设有统一协调有关行车和施工问题的联合指挥机构。

(3)施工人员除应熟悉和遵守铁路技术管理和铁路工务、运输有关规定外，并应制定现场的行车安全制度和应急措施。

(4)列车到达前，洞内外应即撤除所有障碍，全部工作人员撤至安全地点躲避。

(5)施工期间，在洞内外的临时建筑设施，应提供尽量大的行车限界。临时建筑限界(施工限界)应符合铁道部的有关规定。暂时存放的料具应在临时行车限界以外并堆码稳定，其临时行车限界不得小于机车车辆限界每边各加 150 mm(曲线上应按规定加宽)。

(6)施工地段就近两端的车站，应设置机车车辆限界检查门，由专人认真检查并与车站值班员共同签证确认不超过规定限界后，列车方可通行。

(7)在行车线上使用车辆做运输工作时，应按铁道部现行的《铁路技术管理规程》有关规定，切实做好清点、防护和联系等工作。

(8)在有可靠防护的固定施工地段内使用车辆运输时，应根据区间行车状况选择车型。条件许可时，可铺设洞外岔线采用重型轨道车或机车；岔线的设置必须符合铁道部现行的《铁路技术管理规程》的有关规定。

(9)在洞内外临时改移现有线路，正式运行前，事先应进行试运转；正式运行后，必须组织人员加强养护，定期检查，逐步改善列车运行条件。

二、隧道改建、加固施工安全技术要求

(1)改建施工前，应详细调查原隧道设计、施工的历史和使用情况以及与改建有关的条件。

(2)隧道改建的施工方法，应根据设计文件、地质情况、既有线路条件、行车要求等，进行研究、比选确定。

(3)针对改建工程的特点，施工前应做好线路测量、施工料具、通信联系等有关准备工作。

(4)改建施工时，开挖前对原衬砌的拱圈宜事先加固，可用预制钢拱架支顶，前后连成整体并用木楔背紧，且须经常检查其限界及稳定情况，防止变形侵入施工限界。

(5)单线隧道改建施工的开挖作业宜成环进行，可采用分段跳跃式施工。

(6)单线改建为多线隧道时，衬砌拱架的架设应特别加强支撑，防止灌注中变形。

(7)拆除原有部分衬砌时，宜采用预裂爆破。钻爆作业宜采用多循环、弱爆破，布眼宜密，打眼宜浅，装药宜少。爆破时，洞内施工设施应妥善防护。

(8)新旧衬砌混凝土的接触面,必须严格按照设计的要求处理。当原有衬砌存在不安全因素时,应采取加强措施。

(9)隧道的改造和加固,除认真执行施工作业防护的有关规定外,其他不安全因素还很多。其中在已通车的电气化隧道作业,应特别注意"天上"与"地下"的接触网与轨道信号设施的保护和人身安全的保护。没有可靠的经上级批准的措施和手段不得施工。

(10)开挖爆破作业除执行国家与铁道部有关规定外,要认真研究竣工文件,熟悉设计文件,制订施工安全措施;并应遵守以下规定:

①有可能受爆破震动、弃渣打击的既有线设施,都必须在爆破前给予有效的覆盖与防护,需要移出的尽量移出。

②不得采用火花起爆。在已通电的电气化区段、严禁使用电雷管。

③拆除原有衬砌时,宜用预裂爆破,钻爆作业,宜采用多循环弱爆破方案(必要使用"膨胀"爆破法),并对有扰动的围岩和不拆除的衬砌给予必要的加固。

④绝对禁止在规定放炮时间以外的时间放炮,亦不得装药待爆或将爆破器材带入和存放在隧道内。

⑤工地负责人要亲自到现场检查防护和各项工作,符合要求方可发出放炮信号。

⑥放炮后,应立即清理废渣,并检查处理工作面危石,检查线路是否受到损坏;工作台是否有变化;行车限界是否有保证,有无瞎炮和余药等。确认符合要求,才可开通线路。

⑦改造隧道需要挑顶时,应由洞内向外延伸,由稳定围岩向差的地段推进,从干燥向渗漏水地段施工,"步步为营"以策安全。

(11)尽量采用喷锚支护,工序紧跟。若利用原衬砌作支撑点时,应采用环形支撑,原衬砌受力部位必须加密钢拱架,扩大部位的支柱,应沿拱圈辐射方向架立,左右对称进行,各纵梁支柱间须连接牢固,必要时起拱线以下亦须支撑。

(12)在电化区段施工时,应严格按照停电作业与不停电作业的有关规程办理。

(13)凡是工作位置距地面 2 m 以上时,应按照"高处作业"规定办理,防止坠落事故。应因地制宜,设置坚固、简便、移动迅速的脚手平台。

(14)进行压浆治漏,应另制订安全操作细则,防止化学制剂对人的危害与火灾发生。

三、在行车线上施工必备的安全条件

(1)在运行线上进行隧道改建和整治病害与勘测设计有关作业,应由建设单位组织运营,设计、施工部门成立联合指挥机构,以便协调解决行车与施工安全问题,并要严格执行《铁路技术管理规程》、《铁路工务安全规则》、《铁路增加第二线及改建既有线工程石方控铀爆破施工技术规定》、《基建施工确保运输安全的规定》等相关规定。

(2)施工需要封锁区间或限速运行时,应按所在区段铁路局的规定办理申请。

(3)施工防护和各种轻、重型车辆使用临时道口与岔线设置等,应按照《铁路技术管理规程》、《铁路行车线上施工技术安全规则》办理,领导干部应组织职工学习有关规程,熟悉有关规定。

(4)驻站联络员,工地防护员,必须经过严格训练和考试合格,才准担任此工作,否则发生事故应追究工地负责人责任。

(5)为防止列车超出车辆限界(如油灌车翻盖、货车位移等)损伤施工人员与设施,应在施工隧道两端就近车站,远的一边设置临时行车限界检查门,由专人看守,并随时向车站和工地

报告信息。

(6)在隧道内搭设的工作台，必须坚固可靠，放置稳妥，设安全防护栏杆和梯子，并符合铁道部临时建筑限界(施工限界)要求，临时堆放材料，应整齐稳定，其边缘至机车车辆限界的净距在直线上不得小于 15 cm，曲线上另计加宽。施工用的风、水、电管线以及机具亦不得侵入行车限界，放置应稳固。

(7)参加施工人员，必须身体健康，无耳聋、色盲，并熟悉《铁路技术管理规程》和工务、车务有关规定。并经安全考试合格，方可上岗。

(8)施工负责人，每天均应安排巡道员 24 h 值班检查清道情况。巡道人员应携带信号旗(灯)和喇叭等规定用品，正确使用，确保行车安全。

(9)在新线铺轨后，办理临时运营前已通行工程列车的情况下在隧道内作业，须要封锁线路，应报上级主管单位批准。工作量不大，可利用列车间隙时间者，应取得车站值班员或行车调度同意，并办理手续。凡有碍行车的施工，必须按有关规定设置防护，其防护距离不得小于 400 m。

四、在行车线上或靠近行车线上进行其他有关作业安全技术要求

洞门土石方与衬砌作业(如刷仰坡、做天沟、砌洞门等)；路堑开挖、刷坡(特别是高边坡)；路基与防护工程；桥涵工程等等，行车安全与人身安全问题也非常突出，决不能马虎一点。一定要按照《铁路行车线上施工安全规则》中有关限界、施工、防护、道口、材料装卸和堆码、轨道车及小车使用、工程列车运输、驻站联络员与工地防护员职责等章节的规定办理。

第六章　铁路营业线施工中的劳动安全

第一节　加强劳动安全关键环节的控制

为了适应铁路提速后运输生产和技术条件不断发展变化的需要，依据《铁路技术管理规程》等有关规定，为强化作业安全关键环节控制，减少职工惯性伤害事故，铁道部安监司于2000年7月下发了《铁路运输系统作业人员劳动安全关键点控制措施(试行)》(铁安监〔2000〕12号)，并就执行措施提出具体要求。同时也要求工程施工单位在既有线施工作业时必须严格执行本措施的有关规定。该措施主要分为通用措施和具体控制措施两部分四十三条。现摘选介绍如下。

一、通用控制措施内容

在铁路既有线从事作业的所有人员，必须认真落实下列劳动安全控制措施：

(1)严格遵守劳动纪律和作业纪律，认真执行保休制度，班前充分休息，严禁班前、班中饮酒；严禁脱岗、串岗、私自替班或换班，不得做与工作无关的事情。

(2)新上岗、转岗、提职职工必须进行单位、车间、班组三级安全教育及其他规定的安全教育，经培训考试合格后，方准单独作业。学徒工、实习人员、干部在参加劳动、学习期间，不准单独顶岗。

(3)行车、特种作业人员，机械设备、工具操作人员，须经专业安全技术培训考试合格后，方准持证上岗。

(4)作业中必须按规定着装、佩戴防护用品和正确使用防护用具，严格执行安全技术操作规程。

(5)横越线路时，必须做到“一站、二看、三通过”，严禁抢越、钻车或穿越两车间隙，严禁在道心或枕木头行走，严禁扒乘机车车辆以车代步。

(6)上道检修人员应配备自动报警或通讯联络工具，在设有来车报警设备的区段作业时，应按规定使用报警设备。接到来车通知后，必须停止作业，迅速撤离到安全地带待避车辆。

(7)电气化区段作业人员除落实上述措施外，还应严格执行《电气化铁路有关人员电气安全规则》。

二、具体控制措施相关内容

(1)线路施工、维修作业要设好安全防护。防护人员须携带列车无线调度电话，无列车无线调度电话时，须设驻站联络员。驻站联络员与现场防护员要采用有效通讯手段加强联络，准确掌握列车运行情况，及时通知下道避车。禁止利用特快旅客列车的运行间隔进行施工，禁止在大风、雨、雾、雪等恶劣天气条件下上道养护作业。

(2)特快旅客列车到达施工地点前10 min，必须停止影响列车安全运行的一切施工，且人员、机具设备等均应撤离至安全地带，物料堆码牢固，保证作业人员安全和列车安全通过。遇有特殊情况，需对运行的特快列车设置响墩进行防护时，必须根据列车运行速度确定安全防护距离。

(3)防护人员必须携带齐全防护用品，认真履行职责，集中精力，站在便于瞭望的地点认真防护，及时联系和掌握列车运行情况及列车在作业区段的运行时刻，及时通知作业人员下道避车，不允许做与防护无关的其他任何事情。

(4)在旅客列车或特快旅客列车通过的曲线地段设置防护时，若瞭望距离不足 800 m 或 1 200 m，必须增设中间防护员。

(5)特快旅客列车通过邻线，本线作业人员必须下道避车(线路封锁施工可不下道，但必须停止作业)，两线间不得有人员停留。岔群作业来车不明时，必须下道，在安全地带避车。

(6)线路巡检单独作业人员应准确掌握巡道检查区段列车运行时间，严格执行回头瞭望制度。本线来车时必须按规定距离下道，邻线来车本线也应下道，在安全地带接车。特快旅客列车接近时，应在距离 1 000 m 及以外时下道避车。在大风、大雨、大雪、大雾等恶劣天气时，必须行走路肩。

(7)在桥梁上、隧道内作业时，必须按规定设置防护，列车接近时必须按规定下道，迅速撤离桥隧或进入避车台(洞)。在高处、陡坡及立体交叉作业时，必须戴安全帽、系好安全带(绳)、挂牢安全网。

第二节　主要作业项目的劳动安全注意事项

一、线路作业人员作业及安全避车

特快旅客列车到达施工地点前 10 min，必须停止影响列车安全运行的施工，且人员、设备等应撤至距钢轨头外侧 2 m 以外，施工机械、物料堆码必须放置牢固。

不得利用特快旅客列车与前行列车的间隔进行施工。

在规定利用动能闯坡的区间施工，列车运行速度在 120 km/h 及其以下线路，其防护距离自施工地点最外方第一个响墩间不得少于 1 100 m。

在区间或站内正线作业来车时，作业人员应在距离本线不少于 800 m、邻线不少于 500 m 下道避车。

在区间或站内正线作业来车时，慢行条件下可距离本线列车 500 m 下道避车，邻线可不下道，但必须停止作业并注意本线来车。

在站内其他线作业来车时，作业人员应距离本线列车不少于 500 m 下道避车，邻线可不下道，但必须停止作业。

严禁作业人员跳车、钻车、扒车和由车底下、车钩上传递工具材料。休息时不准坐在钢轨、轨枕头及道床边坡。绕行停留车辆时其距离应不少于 5 m，并注意车辆动态和邻线开来的列车。

二、在铁路正线或到发线附近进行桥梁和隧道施工的主要注意事项

(1)正线和到发线附近，应设专人防护，施工人员应切实注意防护信号。当有列车通过时，必须离开作业地点。

(2)在桥梁上施工，列车通过时，应离开桥梁或站在避车台内，在较长的桥上施工，应设专人防护。

(3)在隧道内施工,应有照明并派专人防护,当列车通过时,应撤离隧道或到避车洞内。

三、在行车线施工,施工人员应执行的人身安全五条规定

(1)不得在轨道上行走,如在两旁路肩行走时,所扛工具不得侵入限界。

(2)横过车站股道或通过无人看守道口时,应止步瞭望,确认两端均无列车开来时方准通过。

(3)不得在车底下避雨乘凉、从车底下钻过或递送工具。

(4)列车开动时严禁抓车、扒车、跳车。

(5)冬季施工不得戴无孔遮耳防寒帽。

四、硫磺锚固作业安全注意事项

(1)熔制锚固材料时,应戴好防护用具,火源要设在离钢轨 5 m 以外的下风向,人员应站在上风处操作。

(2)熔制时应按比例先放沙子、水泥,后放硫磺、石蜡,当熔化成浆糊状时不准再添入硫磺。

(3)向轨枕内灌注溶液时,应使用专用器具,并端稳、灌准、适量,防止溅洒烫伤。

五、区间步行上下班时的要求

在区间步行上下班时,应在路肩或路旁走行。在双线区间,应面迎列车方向;通过桥梁、道口或横越线路时,应做到“一停、二看、三通过”,严禁来车时抢越。在站内必须行走道心时,应在其前后设专人防护。进路信号辨认不清时,应及时下道避车。

六、爆破作业安全防护

(一)爆炸物品安全管理

爆炸物品管理及爆破作业必须认真执行《中华人民共和国爆炸物品管理条例》和《中华人民共和国爆破作业安全规程》规定。

(二)爆炸物品存储、运输(人力、车辆)、使用

爆炸物品的安全管理,由各生产、储存、销售、运输、使用爆炸物品单位的主要领导人负责。

生产、储存、销售、运输、使用爆炸物品的单位,必须制定爆炸物品安全管理制度和安全技术操作规程,建立岗位安全责任制,教育职工群众严格遵守,并根据需要设置安全管理部门或安全员。

爆破材料库必须符合防爆、防雷、防潮、防火、防鼠要求,必须有良好的通风和防爆照明设备。

由库房往工地或由工地回库房徒步运送爆破材料,炸药和雷管必须分开运送。搬运炸药与拿雷管人同一路行走时,应相距 50 m 以上。

(三)爆破作业安全措施及安全防护

1. 既有线隧道改建爆破后,必须进行检查和妥善处理,方可通知车辆开通线路,八项检查内容是:

(1)线路上部建筑(钢轨、扣件、轨枕等)是否完好。

(2)线路状态(方向、水平、轨距、接头和道钉等)是否正常。

(3)内外轨撑是否松动。

(4)工作台和支护是否变形侵入限界。

(5)拱部围岩有无松动危石。

(6)机具材料和爆破扬弃的石砟,是否侵入行车限界。

(7)有无哑炮和残余炸药。

(8)爆破器材已撤出洞外。

2. 邻近行车线进行爆破作业,必须遵守以下六项规定:

(1)应在封锁线路时间内进行。

(2)凡浓雾、暴雨、雷电等恶劣天气均不得进行露天爆破作业,夜间作业必须有足够的照明和可靠的安全措施。

(3)受爆破影响的既有设备,必须在开工前迁移或做好防护,并对爆破后弃渣有可能覆盖线路的地段妥加保护。

(4)不得采用火花起爆,在已通电的电气化区段严禁使用电雷管。

(5)放炮前由工点负责人指派专人检查符合安全要求后,并待防护工作一切就绪可发出点炮信号。

(6)放炮后立即清理线路上的泥渣和边坡上松动石块,确保行车安全。

3. 爆破作业安全防护有关要求:

爆破作业,必须由经过考试合格的爆破员担任。

接触网、变电所爆破作业不应使用黑火药和电雷管。

在铁路路基、桥梁、房屋等重要建筑物及通信信号设备附近进行基坑爆破时,严禁放大炮,并根据安全距离要求、坑深及地质情况决定装药量,但一次装药量不得超过两管,同一孔位的爆破不得超过两次。

在距运营的接触网 5 m 内进行爆破作业时,应先向电调申请停电后,方可作业。

邻近行车线进行爆破作业,在已通电的电气化区段严禁使用电雷管。

进行爆破作业时,必须遵守爆破安全操作规程。要有专人负责指挥;在危险区的边界,设置警戒岗哨和标志;在爆破前发出信号,待危险区的人员撤至安全地点后,始准爆破。爆破后,必须对现场进行检查,确认安全后,才能发出解除警戒信号。

爆破作业时,装完炮眼到起爆的间隔时间不宜大于 10 min,起爆后如确认炮已响完,于最后一响 5 min 后发出解除警戒信号和撤除警戒人员。

七、桥(涵)隧施工作业安全防护

(一)桥梁、隧道作业安全防护

1. 桥梁、隧道作业安全防护

开挖建筑物基坑和刷坡时,应采取的安全措施有:

(1)开挖基坑时,边坡的坡度必须按照设计要求,按放好的边坡线从上向下开挖,不得任意放陡坡度,禁止掏底挖土。

(2)遇有滑层、裂纹、浸水等情况,基坑壁必须用支撑木支撑或改缓边坡。

(3)靠近基坑上方不得堆土及放置料具等重物。

(4)在同一坡面相对的上下方,不得上下同时开工,不得在上层挖土时下层运土。

(5)圬工凿除或人工打眼两人配合作业时,应佩戴防护眼镜,禁止面对面或戴手套打锤,掌钎时应配带防护手套。

2. 钢梁铆接作业安全防护

禁止在脚手架上试打铆钉枪。使用铆钉枪打销钉和过冲时，应呼唤应答，防止过冲伤人。

换装铆钉枪风弹时不准对人，停用铆钉枪时，必须带好安全环。非风动机具操作人员，不准动用铆钉枪。铆钉炉应放在适当位置，放在桥上时，必须设防火盘，列车通过时盖上防火罩，完工后必须熄灭炉火，撤出桥外。

3. 桥隧作业安全防护有关要求

在既有线桥梁、隧道作业，必须按规定设置防护，列车接近时必须按规定下道，迅速撤离桥隧或进入避车台(洞)。在高处、陡坡立体交叉作业时，必须戴上安全帽，系好安全带(绳)，挂牢安全网。

在隧道内处理松动衬砌、危石及翻修衬砌时，必须有预防塌落伤人的安全措施。

改建运营隧道搭设的工作台和风、水、电管线等设施以及所有机具材料不得侵入行车限界，其边缘至机车车辆限界的净距离在直线上不得少于15 cm，曲线地段应根据计算加宽。

桥涵增建与改建项目的桥涵主体工程施工时，应在桥涵上方的路基上设专人看守防护，以防落石伤人。

既有线改建桥梁，旧墩台需凿除时，不宜采用爆破法施工，施工人员凿除混凝土时，必须戴护目镜。

施工现场应有安全标志。危险地区必须悬挂"危险"或者"禁止通行"、"严禁烟火"等标志，夜间设红灯示警。场地狭小、行人和运输繁忙的地段，应设临时交通指挥。

开工前应按规定修建人行和运输便道，经常养护，保持畅通。人行道的宽度一般不得小于1 m，特别困难地段不得小于0.6 m。在陡坡上应挖台阶，每台阶的高度为0.20～0.25 m，宽度不小于0.3 m；在"之"字形转弯处应设置不小于1 m×1 m的平台，并按需要设置栏杆和加铺防滑材料。

铲运机运土道路应设在施工场区以内，与城乡公路分开，严禁其他车辆及行人通行。如必须行经城乡公路或与其交叉时，应设立各种警告标志，并应设专人看守，指挥交通。铲运机运土道路严禁与既有铁路平面交叉。

4. 桥(涵)隧其他作业安全防护

高处作业要使用专门的用具传递工具、零件和材料等，要系牢安全带。不得抛掷传递，高处作业人员遇有雷雨、大雪、浓雾或风力六级以上等恶劣气候时，应停止露天高处作业。在地面3 m以上的高处及陡坡上作业，必须戴好安全帽，系好安全带或安全绳，不准穿带钉或易溜滑的鞋。安全带、安全绳每次使用前，使用人必须详细检查，段(队)每半年应做一次鉴定。

水上作业应有救生圈、救生衣或救生船等设备。下水作业前，应观测水深及流速，并选派会游泳的人员担当水中作业，其连续工作时间应遵守下列规定：水温在5 ℃～15 ℃时和水温在16 ℃～25 ℃时分别不得超过1 h和2 h。

野外作业在酷暑、严寒季节应采取切实措施，防止中暑、溺水、冻伤和煤气中毒。野外作业遇雷雨时，作业人员应放下手中的金属器具，迅速到安全处所躲避，严禁在大树下、电杆旁和涵洞内躲藏。

(二)桥涵顶进作业安全措施及防护

1. 线路、桥隧等设备施工时，施工领导人必须遵守以下五项规定：

(1)指派的防护员必须是责任心强，具有安全生产知识，熟知防护方法，身体健康，经过培训考试合格的路工。

(2)施工前，应按审定的方案做好各项准备工作，除对施工人员进行安全教育外，并要确认信号备品、机具、材料齐全完好，封锁或慢行命令无差错，防护已设好，各项安全措施已落实，方可发布施工命令。

(3)施工中，应严格按审定的方案作业，随时掌握进度与质量，监督施工人员执行各项安全规定，消除不安全因素，并经常保持与防护员之间的联系。

(4)开通线路前，要认真进行质量检查，确认线路设备状态达到放行条件，材料机具不侵入限界，做好记录。

(5)列车通过后，要组织复查整修，确认线路、桥隧等设备已达到规定要求并做好记录后方准收工。

2. 既有线增建桥涵施工中，便桥架设按照要求应做好以下五项工作：

(1)既有线挖空枕木后当列车通过时，应用枕木头将枕木垫实。

(2)连续三根枕木被挖空时，必须用扣轨加固线路，而后方可继续施工。

(3)枕木垛有扣梁的构件在架设后，各部尺寸不得超限。

(4)在自动闭塞区段施工时，应做好绝缘工作。工具、撬棍等导体不得同时接触两根钢轨。

(5)在无缝线路区段施工，应对线路进行放散。否则应将施工范围内无缝钢轨线路临时换铺为普通钢轨，然后进行加固。

3. 铁路行车地段轨下路基开挖应遵循以下六项要求：

(1)对需要扣轨、吊轨的数量，开挖长度，限界要求，支挡设施，施工程序，地下原有管线的处理，弃土、材料的堆放场地，运输方案，车辆走行的速度等，均应周密设计安排，并向有关作业人员交代清楚。

(2)施工作业预先应和工务部门商定，并派人对线路进行监护。工地须备有各种停车防护信号，以防万一。

(3)支撑应紧跟开挖，在每次列车通过后、放炮后及雨后均应检查支撑及防护板的变形和损坏情况；更换支撑时应先装上新的，再拆下旧的。

(4)列车通过时，轨下作业人员必须暂时避开。

(5)施工过程中，排水系统应保持畅通。

(6)开挖地段设专人检查、看守，如发现有坍塌或线路状态有变化对行车有影响，必须在线路恢复到良好状态后，方可放行列车。

4. 既有线桥涵顶进挖土作业必须遵守以下六项规定：

(1)严禁掏洞取土或逆坡(上凸下凹的倒坡)挖土。

(2)列车通过时严禁挖土。

(3)机械设备发生故障时不得挖土。

(4)顶进暂停期间不得挖土。

(5)雨天不得挖土。

(6)开挖面应设上下扶梯，施工人员在高处作业应系安全带。

5. 桥涵顶进施工，施顶时非操作人员应撤离工作坑，严禁施工人员接近或跨越顶铁。顶铁长度超出 4 m 时，应加设横梁，已经就位的顶铁上不得站人。

八、区间卸车作业安全防护

1. 施工列车进入封锁区间应遵守以下五项规定：

(1)根据调度命令进行封锁区间。

(2)进入施工地段时,应在工地防护员显示的停车信号前停车,根据工点负责人的要求,按调车办法进入指定地点。

(3)在区间停车装卸完毕后,工点负责人应进行检查,确认线路状态良好,轨内侧的绝缘槽已清好,材料堆放及机具设备无侵入建筑限界,车辆无超载、偏载问题,并关好车门,然后指示发车。

(4)向施工封锁区间原则上每端只准进入一列施工列车,如超过时应按当地铁路局规定的安全措施和运行办法执行。

(5)在施工封锁区内,不得将施工列车分解,必须进行分解工作时,应事先得到车站值班员的许可,以调度命令承认下达有关单位,并按规定设置停车防护,做好防溜措施。

2. 施工人员乘坐运料列车的安全注意事项:运料开车前,负责人应确认有关人员已上车坐稳方可开车;列车未停稳前,卸车人员不得打开车门及做其他影响安全的准备工作。开车门时,车上人员应离开车门,车下人员不得站在车门下面。

3. 区间装卸材料,必须按批准时间作业,在夜间应有足够照明设备。对片石、钢轨等笨重材料禁止边走边卸,如区间甩车装卸时,每次装卸车后应认真检查,确认符合要求后,方可通知车长发车。

九、电气化工程及区段施工安全防护

(一)接触网施工安全防护

1. 接触网施工防护基本要求

(1)接触网施工期间,凡有妨碍行车的施工,施工地点都应设置防护,防止接触网支柱、承力索、接触线以及施工中的机械和材料等侵入建筑接近限界,线路状态及接触网未恢复到允许放行列车条件,不得撤除防护。

(2)防护人员应指定专人并经过考试合格者担任,视觉、听觉有缺陷或语言不清楚者,均不得担任防护工作。

(3)区间施工时,单线应在两端,双线应在来车方向端设现场施工防护员(车站应设驻站联络员)。

(4)防护人员必须携带防护用具,驻站联络员和工地防护员应设置专用防护电话或无线报话机保持经常联系。

2. 基坑开挖施工防护

接触网基坑测量时,只设现场防护员进行移动防护。发现来车时,工作人员及时到安全地带待避,确保人身安全。站场进行横向测量时,要使用测量绳,必要情况下使用钢卷尺测量时,应作好绝缘防护。

在路肩开挖接触网坑作业,每个基坑的施工人员不得少于2人,坑内作业时,坑上必须有人防护,当发现来车或听到(看到)待避信号时,坑内人员应到安全地带待避。

基坑开挖作业,必须保证路基的稳定,不得使其受到破坏和减弱,遇到塌方有可能造成轨枕悬空时,应采用护板防护,必要时应作扣轨防护,挖坑时遇到排水沟(盲沟),应先做好疏通改道排水工作,弃土不得堵塞水沟和污染道床。

基础浇筑作业时,应在施工点设专人进行防护,工具材料的堆放不得侵入建筑接近限界,施工人员不得在建筑接近限界以内站立和休息;需要跨越铁路搬运材料设备时,应在搬运通道两端按规定距离设置防护,搬运结束后,两侧的防护人员方可撤除;在准高速和高速区段施工时,列车通过时,所有人员应在 3 m 限界以外待避,所用工具材料特别是人工搅拌所用钢板,严禁放置在道心轨枕上。

3. 支柱安装施工防护

利用安装列车立杆必须在施工封闭点内进行,移动停车信号防护严格按《技规》第 291 条、第 292 条、第 293 条、第 294 条的有关规定执行。

为确保安全,支柱安装后要尽快整正回填,放入坑内的支柱顶端稍向田野侧倾斜,股道间支柱应顺线路方向倾斜;对于塌方坑内的支柱,还应将支柱固定,防止因震动造成支柱向线路侧倾斜。

区间不得跨越未封闭的邻线立杆。施工列车在运行中或邻线来车时,应停止立杆作业,作业吊车应复位待避,不得超过机车车辆限界。

在支柱整正过程中,支柱的任何部分和整正器材均不得侵入铁路基本建筑限界,在无缝线路区段,利用钢轨整正电杆应取得工务部门的同意和配合,直线区段大于实际锁定轨温(由铁路局提供)10 ℃以上,曲线区段大于实际锁定轨温 5 ℃以上时,不能进行整杆作业。同一曲线不得同时有两组作业,施工负责人在整杆全过程中,应密切观察线路变化,严防造成事故。在钢轨绝缘处两侧固定整杆器时,应在整杆框架上加设绝缘,确保钢轨电路的绝缘良好。收工之后整杆器应及时撤除,线路收回。

4. 架线作业防护

利用架线车进行接触网承立索和导线架设时,必须在施工封闭点内进行,移动停车信号防护严格按《铁路技术管理规程》第 291 条、第 292 条、第 293 条、第 294 条的有关规定执行。

架线作业施工防护。架线作业前,应将架线区段内所有限界门安装好,对架设的线索进行防护;在高压线下放线时,其两端支柱的放线滑轮开口应封死,防止导线跳出触电。

【案例】湘桂铁路复线施工用电线路施工"6·17"触电事故

(1)事故经过

2009 年 6 月 17 日上午 8 时 45 分,冷水滩区城西变电站附近,湖南万安电力集团有限公司在进行湘桂铁路复线用电线路施工时,发生一起致 1 人死亡的高压触电事故。

(2)事故原因

作业人员在拖拉新架线路导线时,导线与旁边一根 10 kV 高压线路平行距离过近(小于 20 cm),导致 10 kV 高压线路与新架线路导线之间产生电弧,使电流顺新架线路导线击中正在拉线的作业人员。

架线时,架线车及人员、工具的任何部位,距铁路周边输电线的安全距离必须符合规定。对不符合安全距离的输电线,必须在架线前停电,并进行验电,封线接地。

位于曲线内侧和锚段关节处的腕臂,应加装临时固定,紧线后再拆除。架线时,在线索路经道口或行人较多的地带,应派专人进行防护,在承力索和导线未紧到正常高度前,车、马、行人不得通行。

不能封闭的双线或三线区间放线时,如需在异端侧起锚,施工方案应征得铁路局调度的同意。起锚后,未封闭股道上方的线索应进行可靠加固,指派专人进行防护,方可开展施工。

架设的承力索应及时调整,如特殊原因不能马上调整时,应将腕臂处所有的开口滑轮用铁线封死,以确保行车安全。

5. 车梯作业施工防护

使用车梯上铁路线路施工时,移动停车信号防护严格执行《铁路技术管理规程》第 300 条、

第 301 条、第 302 条、第 303 条、第 304 条的有关规定。

每部车梯作业组人数不得少于 4 人，在车梯上作业的人员不得超过 2 人；车梯的推行速度不得超过 5 km/h。

在车梯上不得进行有倾倒危险的作业，车梯走行到小半径曲线区段时，应有防止车梯倾倒的措施，且梯上作业人员应站在曲线外侧作业。

(二)冷滑试验安全防护

冷滑试验一般采用三种车辆作牵引，一是专用接触网检测车，二是内燃机车，三是施工用轨道车组。冷滑车开行按照调度命令执行。

冷滑试验应分两次进行：第一次车速为 5～20 km/h，第二次车速为 40～80 km/h。严禁超速度滑行，严防刮弓、钻弓造成事故。

在隧道内进行冷滑试验应备有足够的照明措施，在暴风、雨、雪及浓雾天气不得进行冷滑试验。

在冷滑区段的接触网两端及适当处所应设临时接地线，电力机车受电弓在冷滑试验时应接地，以防感应电或意外触电造成人员伤亡。

试验人员在车顶作业时，应配戴安全帽、防护镜。在列车运行中不得在车顶站立或走动，并在面对列车的前进方向设专人负责瞭望受电弓冷滑状况，发现有打弓、钻弓险情应立即将受电弓拉下，并立即利用无线报话机通知机车乘务员停车。非冷滑试验人员不得登上车顶。

(三)送电开通及停电作业安全防护

1. 接触网停电作业安全要求

(1)在与接触网带电部分不到 2 m 的建筑物上作业时，如没有可靠的防电设施，接触网必须停电。

(2)安全距离要求：接触网进行停电作业时，作业人员(包括所持的机具、材料、零部件等)与周围带电设备的距离不得小于以下规定：110 kV 为 1 500 mm，27.5 kV 和 35 kV 为 1 000 mm，10 kV 及以下为 700 mm。

(3)施工领导人向供电调度申请停电，要同时说明停电作业的范围、内容、时间和安全措施等。

(4)施工单位在接到停电作业命令后须先验电接地，设置好防护，然后方可作业；停电作业时，在验明确已停电之后，接地线必须安设在作业区段两端，离作业地点不得超过 300 m。

(5)在停电作业的接触网附近有平行带电的电线路或接触网时，为防止感应电，除按规定装设接地线外，还要在施工地点加设临时接地线。

(6)验电和装设、拆除接地线必须有 2 人进行：1 人操作，1 人监护。操作时应戴绝缘手套，穿绝缘靴。

(7)断电后的防护工作应符合以下规定：断开的隔离开关应加锁，并派人防护。在与带电体邻近的接触网进行作业时，应设专人防护，施工人员和机具与带电体之间的距离应符合绝缘距离的要求。

2. 接触网送电开通安全注意事项

(1)在接触网送电开通之前。应由建设单位通过电视或其他宣传媒体，向铁路沿线的居民通报具体的网上送电时间，并对他们进行宣传教育，防止发生居民触电事故。同时，在行人、车辆通行的道口及站台支柱以及有关作业车辆上，应悬挂“高压危险”、“禁止攀登”等警告牌。

(2)送电开通应组织抢修小组，并应备齐合格的工具、材料及验电器、绝缘靴、绝缘手套、绝缘拉杆等安全防护用品。

(3)送电开通期间,所有接触网上作业必须依据调度命令限定的时间操作。

(4)送电开通期间,所有接触网上作业均应采取安全接地措施。

(5)送电时,检查、巡视人员应避免近距离观察可能发生爆炸的避雷器放电间隙等电气设备。

(6)送电开通期间,应配备抢修工程列车、轨道作业车及常用零配件等器材、工具。

(7)在接触网支柱及接触网带电部分 5 m 范围以内的金属结构均须接地,与接触网相连的支柱金属结构上,若未装设接地线或接地线已损坏时,禁止人员与之接触。

3. 变电所停电作业安全要求

一切牵引供电设备自第一次受电开始,即为有电运行。变电所停电作业应注意以下事项:

(1)断开电源:将欲进行作业的电气设备完全与电源断开,作业的电气设备与电源间应有明显的断开点;在有远方控制的变电所、分区亭和开闭所进行停电作业时,必须将远方控制的开关置于当地控制位置。

(2)验电:使用验电器进行验电前,应确认验电器的电压等级符合要求,并应试验验电器是否准确,试验时应戴绝缘手套,并穿绝缘靴;确认电气设备不带电后,方可工作。

(3)接地:当验明所施工设备无电后应将设备接地。

(4)悬挂警告牌、设防护栏:在因停电作业而断开的断路器操作把手上、隔离开关的操作手柄上和防止串电而切换的二次回路的转换开关上,均应悬挂"有人工作、禁止合闸!"警告牌;施工作业人员不得进入的区域,应设置防护栏并悬挂"止步,高压危险!"警告牌;防护栏和警告牌的设置与撤除应由施工负责人决定,不得任意移动或撤除。

十、道口作业安全防护

铁路与道路平交道口应设在瞭望条件良好的地段,并应根据国家现行的有关规定设置道口标志、护桩、火车司机鸣笛标、道口信号、停车标志和栏杆等安全设施。

施工临时道口必须派人看守,道口看守人员必须专职专用,坚守岗位,认真陈望,按时开关栏木和显示信号。

十一、工程列车、轨道车运行及作业安全防护

轨道车是铁路维修、大修、基建等施工部门执行任务的主要运输工具。轨道车分重型和轻型两种:能由搭乘人员随时撤出线路的,称为轻型轨道车;不能由搭乘人员随时撤出线路的,称为重型轨道车。

轨道车在既有线行驶按列车办理。轨道车乘务人员肩负着行车安全的重任,因此,要加强对轨道车及司机的管理,不断提高运用管理水平。

(一)工程列车、轨道车安全管理有关要求

1. 司乘人员条件和车辆安全状况

(1)轨道车乘务人员必须经过严格的培训,经理论和实际操作考试合格,得到铁路局发给的司机和副司机驾驶证后,方准操纵轨道车。无驾驶证者严禁开车。

(2)为了保证轨道车乘务人员的基本素质和实际操作水平,规定招考重型轨道车副司机者必须符合行车人员的素质与健康条件,具有初中以上文化程度,并经过 3 个月的随车实习,经考试合格,由铁路局发给副司机驾驶证。重型轨道车副司机必须安全随车乘务 2 年以上,方可

报请考核晋升司机。

(3)离车1年以上的重型轨道车司机恢复司机工作,必须重新熟悉行车和车辆设备,并经过有关规章的考试,考试合格者方准上岗作业。

(4)轨道车主管部门每年必须组织一次对管内运用轨道车的检查、评定工作。内容为对技术状态进行鉴定(年鉴)。对年鉴合格的轨道车,发放轨道车检查合格证;对未参加年鉴及年鉴不合格的轨道车,停止其使用。对轨道车司机进行年审考核。

2. 行车办理、运行及操作安全要求

重型轨道车的运行办法应按列车办理。重型轨道车由于机械故障或其他原因在区间被迫停车时,应按以下要求进行处理:

(1)示一长三短的报警信号,并及时通知车站值班员、列车调度员及后续列车,讲明情况。

(2)立即就地采取防溜措施,并按有关规定设好防护;影响邻线行车时,应同时进行防护。

(3)采取紧急措施,组织抢修或起复,尽快开通线路,需要救援时应立即通知车站值班员。

3. 工程列车、轨道车运用有关安全要求

(1)轨道车严禁超速运行,轻型轨道车过岔速度不得超过15 km/h,重型轨道车必须按规定的过岔速度运行。

(2)各种工程列车在行车线停车时,除风动制动或手制动外,还应安放止轮器。列车前后应设置防护。

(3)没有机车、动车、轨道车驾驶证的人员,不准驾驶机车、动车、轨道车。

(4)学习驾驶机车、动车组、动车、轨道车和学习操纵信号或重要机械、设备及办理行车作业的人员,必须在正式值乘、值班人员的亲自指导和负责下,方准操作。

(5)轨道车起动或前进时,鸣笛鸣示起动注意信号的方式为一长声。

(6)列车、机车车辆、单机开始退行时,鸣笛鸣示方式为二长声。

(7)轻型车辆及小车,原则上只准在施工作业时和昼间使用,不按列车办理,可利用列车间隔运行,小车可跟随列车后面运行。

(8)轻型车辆及小车应放置在固定的安全地点并加锁,使用前应进行检查,确认状态良好时方可使用。

(9)使用轻型车辆时,须取得车站值班员对使用时间的承认,填发轻型车辆使用书,并须保证在承认使用时间内将其撤出线路之外。

(10)使用各种小车时,负责人应了解列车运行情况,按规定进行防护,并保证能在列车到达前撤出线路之外。

(二)使用轻型车辆或施工机具安全防护

1. 在区间使用轻型轨道车辆及小车须遵守以下五条防护规定:

(1)在线路上人力推运各种轻型车辆(包括在轨道上走行的养路、养桥机械等),应派防护人员在车辆前后各800 m处显示停车手信号,随车移动。如瞭望条件不好,应增设中间防护员。

(2)使用小车,应有专人随车显示手信号,并注意瞭望。使用较重的单轨小车及在瞭望条件不良区段使用各种小车时,还应增设中间防护员。

(3)轻型车辆遇特殊情况不能在承认时间内撤出线路,或小车不能随时撤出线路时,应在车辆前后各800 m处放置响墩,并以停车手信号防护。

(4)跟随列车后面运行时,应与列车尾部保持不少于500 m的距离。在长大坡道区间,禁止续发轻型列车。

(5)运行须显示停车手信号，并注意瞭望。在双线地段遇有邻线来车时，应暂时收回停车手信号，待列车过后再行显示。

2. 使用轨道车应遵守以下两项规定：

(1)要加强对轨道车的管理。轨道车及其驾驶员每年必须经所在地区的铁路局进行一次年检和考核，司机必须是考试合格、有合格证的驾驶员，无驾驶证者严禁开车。轨道车(列车)司机在发车前，必须确认占用区间凭证、发车信号和发车表示器正确，人员货物装载符合规定，方可开动。

(2)在运行中发现装载不良时，应立即停车，整理牢固后方准运行。轻型轨道车及拖车乘坐人员时，应装上稳固且可拆卸的栏杆或扶手，以防跌落受伤。

3. 轨道车运行凭证包括以下四项内容：

(1)经过审定的轨道车技术状态和保养检修年鉴定合格证。

(2)司机、副司机驾驶证。

(3)正常运行时按管理局的列车运行办法办理行车凭证。

(4)进入封锁区间施工作业的行车凭证为调度命令。该命令应包括车次、运行速度、停车地点、停车时间、返回车站的时刻等有关事项。

4. 电气化铁路使用轨道车必须遵守以下三条规定：

(1)严禁攀登轨道车车棚顶，不得用水管冲洗车辆。

(2)任何人员及其所携带的物体与接触网设备的带电部分需保持 2 m 以上的距离。

(3)不得用竹竿等物做测量货物装载高度等接近接触网的作业，作业人员及所用工具要在距接触网不足 2 m 时作业，接触网必须停电。

5. 轨道车随乘人员应遵守以下安全事项：

(1)轨道车随乘人员应坐稳扶牢，不准坐在堆放较高的物体上和车体连接处，车未停稳人员不能上下。装载路料、机具的轨道平车不准搭乘人员，确因工作需要乘坐人员时，必须安装围栏及扶手。

(2)施工人员在既有线上乘坐载人车辆时，身体及随身工具不得越出车体以外，在电气化线路上，顶部距接触网不得小于 2 m。

【案例】2010 年 3 月 28 日上午 10 时 50 分，在晋江—泉州区间紫岭隧道内(K1052＋300 处)中铁某局长轨车上掉落下的一部铁架侵限，在 J55012 次列车行驶过隧道时，造成列车脚蹬损坏、砂箱刮裂成两半。

第三节　主要作业项目的行车安全注意事项

一、一般规定

(1)既有线上施工必须贯彻执行铁道部现行的《铁路技术管理规程》、《铁路工务安全规则》、《铁路线路维修规则》和有关既有线上施工安全的规定。

(2)既有线上施工必须按铁路机车车辆限界和基本建筑限界，据以制定施工临时行车限界。施工临时行车限界不得小于机车车辆限界，每边各加 150 mm(曲线上再按规定加宽)。施工中搭设脚手架、堆放工程材料或机具设备等，一律不得侵入临时行车限界。

(3)既有线施工，施工单位应与设备管理单位和行车组织单位分别签订施工安全协议，明确双方的安全责任和义务，及时协调施工与运营的关系，解决行车与施工中的安全问题。

(4)增建二线及既有线技改施工，涉及到设备管理部门的施工项目，设备管理部门应积极协助施工单位核查既有设备。施工前对地下的管、线、电缆设施的位置双方应予以确认，划定防护范围，经设备管理部门同意后方可施工。

(5)既有线施工中，施工单位和设备管理单位应经常监视与保持线路、桥涵、隧道、房屋、通信、信号等建筑物和设备处于完好状态，发现异常必须立即停工处理。施工地段既有线设备发生损坏时，施工单位应及时组织抢修，设备管理单位应积极配合，尽快恢复正常使用。

(6)既有线施工项目开工前应申报审批，未经审批严禁施工。

(7)既有线需在封锁区间或限速运行条件下施工时，应按所在铁路局的规定，办理封锁区间或限速的申请。

(8)既有线上封锁施工前的准备作业必须按施工放行列车条件的要求进行，其他施工不得影响列车运行。

(9)施工达到放行列车条件时，应按规定办理销点手续。

(10)既有线施工，必须按《铁路技术管理规程》和《铁路工务安全规则》设置施工安全防护。防护人员应由指定的、经过考试合格的铁路职工担任。

(11)既有线施工防护应符合下列规定：

①施工单位应派驻站联络员与车站进行联系，驻站联络员与车站应用电话及时准确地将施工命令及列车运行情况转告工地防护员及施工负责人。

②驻站联络员向工地防护员发出预报、确报或变更通知等必须进行复诵，工地防护员应加强防护。

③当发出停工命令时，施工人员应立即撤除妨碍行车的一切障碍，按规定整修好线路，迅速下道避让。

(12)在自动闭塞区段施工时，应保持轨道线路绝缘良好。工具、机具等导电体不得同时接触两根钢轨及钢轨两端绝缘接头。

二、路　基

(1)路基的爆破作业，除应符合《铁路施工技术安全规则》外，尚应符合下列规定：

①施工单位根据工程数量、施工环境、爆破规模制定爆破方案和安全防护措施、封锁时间等，报路局审批。

②爆破前应设好施工防护，驻站联络员在每次爆破前 2 h 向车站提出“申请施工放炮表”，经认可后，即通知施工装药。

③驻站联络员在接到现场准备就绪的报告后，向车站值班员提出请求爆破时间，当接到封锁命令后，双方进行签认，必须按调度命令进行施爆，严禁不请点施爆、追尾施爆。

④炮响后爆破人员应按规定对炮区检查有无哑炮、危石、落石以及轨距、方向、限界、通讯、电力线路等有无损坏，及时进行处理。

⑤经检查确认线路符合放行列车条件，施工负责人向车站驻站联络员办理开通手续。经车站值班员签认销点后开通线路。

⑥放炮前线路应设防护，放炮后应迅速清理轨道上及建筑限界以内的土、石，将线路抢通。道床上的泥渣不得超过轨面；道心内侧轮缘槽宽度不应小于100 mm，深度不应小于60 mm，留在线路上的泥渣在每班下班前必须清除干净。

⑦宜进行控制爆破，其炮眼的距离、深度、装药量、预计一次爆破量，应能在封锁时间内完成。

⑧运行繁忙的铁路沿线不宜使用火花起爆，电气化铁路严禁电力起爆。

⑨严禁在列车通过前先将炸药装好等待点炮。

(2)在既有线一侧填筑高路堤需挖台阶时，应有确保既有线稳固的措施。

(3)既有线旁开挖，挡护墙的基础有碍路基稳定时，应采用挖马口的方式，分段开挖，随挖随砌，不得长距离连续开挖或长期不砌。有坍塌可能时，应及时支撑。

(4)轨下路基的开挖作业应符合下列规定：

①根据开挖的长度确定扣轨或吊轨的数量和列车速度，报请路局批准。

②当连续3根枕木被挖空，必须用扣轨加固线路。

③支护应紧跟开挖，每次列车通过、放炮及下雨后均应检查，当有开裂、变形应及时加强支护。

④开挖地段应设专人检查、看守，如发现有坍塌或线路状态有变动时，立即采取补救措施；对行车有影响时，必须在线路恢复到良好状态后，方可放行列车。

(5)既有线施工应加强对路基下沉变形、原有路堑边坡稳定性、山体滑动面的观测，并作好观测记录。应及时整治既有线路基病害，确保行车安全。

(6)汛期施工应符合下列规定：

①影响既有线路基稳定的工程，应避开雨季施工，确实需要在雨季施工的控制工程，施工单位必须提出施工方案，制定安全措施，报经路局有关部门审查同意后方可施工。

②对邻近既有线的山坡、堑坡已经开挖的地段，应在汛期前完工。防护工程亦应完成。

(7)确实不能完成的工程，必须采取临时加固措施。

三、桥　涵

1. 既有线桥涵改建施工应符合下列规定：

(1)改建施工中应随时观测既有线路与桥涵状态的变化。当需要降低地下水位施工时，不得影响原有建筑物的稳定。

(2)当采用轨束梁加固线路时，轨束必须用钢箍固紧，并向两端延伸涵身高度的1.5倍，枕木垛应满足地基承载力需要，当采用低高度便梁时，梁端支承处应垫硬木。

(3)在加固线路时，应保持轨道线路绝缘良好。在无缝线路施工前，当需变更线路锁定范围，应与有关部门协商处理后，方可施工。

(4)顶进桥涵作业应在列车运行的间隔时间内进行。开挖工作坑时，坑顶缘距最外侧铁路中心线的距离不得小于3.2 m。当工作坑需要渡汛时，路基边坡应加固防护。

2. 既有线桥梁墩台改建应符合下列规定：

(1)墩台顶帽加高或减低。

①顶梁时严禁两端同时施顶。同一端使用的两个千斤顶，必须是同一规格、同一型号、同一起落速度，保持梁体平衡。千斤顶使用前应经过检验，每次升降顶程不得大于10 cm。

②起落梁时，桥头两端线路应同步起落，并做好轨道的养护。

(2)墩台混凝土需凿除时，不宜采用爆破法施工，如需采用爆破施工时，应制定安全措施。

(3)对桥墩台基础扩大加固时，对桥头路基、河道改移、流水冲刷等应分别制定安全防护措施。

3. 改造桥涵用框架式排架支撑时，应分段分层开挖，随挖随撑，并经常检查支撑及线路的变化，当有异常，应及时采取防护措施。

4. 桥梁扩孔采用架空方法施工时，应对既有线路进行加固。

5. 增建第二线桥涵施工应符合下列规定：

(1)基础打桩施工时，应从既有线一侧逐排向外打，不宜用射水或振动法施工。

(2)涵洞接长需在对接口处处理原有混凝土和砌体时，严禁采用爆破法施工。

(3)当墩台基础采用沉井施工时，当沉井周围地面呈现裂缝或沉降时，按铁路施工技术安全规则有关规定执行；对既有线行车安全有影响时，应停止下沉，并采取相应措施。

(4)架梁时，所选方案不影响既有线运输。

(5)人工架梁，当梁体需要横过既有线时，必须清点封锁，严禁用既有线轨道或桥梁支座作牵引索地锚。

6. 框架式桥涵顶进应符合下列要求：

(1)顶进时，应对各观测点进行仔细观测变化情况，发现异状，应立即停止顶进，待问题处理后，再开泵作业。

(2)顶进中，挖一段、顶一段，做到随挖随顶。挖好的工作面不得长时间暴露，严禁超前挖土。

(3)当施工需要开挖路堤边坡时，应派人监护。当发生异常情况时，应立即撤离危险区，并向开来的列车发出停车信号。

(4)有下列情况之一者，严禁挖土：

①掏洞取土或倒坡挖土时；

②列车通过时；

③机械设备发生故障时；

④顶进暂停期内；

⑤雨天时；

⑥开挖面未设上下扶梯，作业平台搭设不牢或未经检查认定。

(5)在工作坑坡顶的一定范围内，不得堆放料具和弃土。当采用机械开挖时，铲斗不得碰撞梁体或桥涵主体结构。

(6)严禁施工人员接近或跨越顶铁，或站在已经就位的顶铁上。

(7)顶进过程中，每当油泵油压升高 5～10 MPa 时，应停泵观察。当有异状，应及时处理。

需要调整梁体顶进位置时，应针对实际问题，制定相应的安全技术措施。

(8)顶进过程中每顶完一次作业或列车通过后，应对线路进行检查。如发现线路异状，经整修后方可放行列车。

7. 圆形涵洞顶进应符合下列规定：

(1)管节顶进应连续作业，当顶管前方发生坍塌，或遇到障碍物，顶力超过管口允许承受能力时，应停止顶进。

(2)管前挖土长度，在铁路道床下，不宜超出管端以外 10 cm，道床以外不得超出 30 cm，并做到随挖随顶。

(3)当用帽沿式钢拔刃处理土质较差又易于出现坍塌的路基(道床)时，钢板刃脚应按规定设置安装。

【案例】盲目焊接烧坏电缆

(1)事故经过

2010 年 5 月 11 日 20 时 5 分，中铁某局沪宁城际铁路工程站前八标项目部在邻近京沪线的上海动车走行线特大桥 5 号墩端头进行混凝土模板焊接加固作业时，掉落的高温焊渣将京沪下行线 1456＋300 处因施工迁改而裸露在地面的 8 根过渡电缆烧坏，造成上海西站 XJG、SLQG 轨道电路红光带。经抢修 22 时 35 分恢复京沪线下行基本闭塞行车，23 时 30 分恢复京沪线上行基本闭塞行车，耽误列车 22 列，构成铁路交通一般 D 类事故。

(2)事故原因

直接原因：施工单位带班人员在明知作业地点下方有裸露电缆的情况下，仍盲目安排没有电焊设备操作证的作业人员进行电焊作业，且不采取任何安全防护措施，造成高温电焊渣掉落烧坏电缆。

间接原因：施工单位的施工中电缆迁改不彻底，通号济南分公司在上海西站信号改造开通后，也没有将正式电缆倒接到位，而上海电务段虽检查发现该安全隐患，但施工单位整改不到位，致使电缆长期裸露于地面。

四、隧　　道

(1)既有线隧道改建系原位更换拱墙时，施工前应先用钢拱架对相邻衬砌进行支顶。

(2)改建既有线隧道拆除原有衬砌时，宜采用预裂爆破。钻爆作业应采用多循环、弱爆破，浅眼、密布、少装药。爆破时洞内运营及施工设备应予以防护。

(3)爆破开挖前要检查既有隧道的完整性和稳定性，必要时采用钢拱支撑加固，爆破后要针对具体情况对围岩进行喷锚支护或钢拱支撑防护。

(4)挑顶改建隧道应由洞内向洞外进行、由围岩稳定性好的向稳定性差的地段进行、从干燥无水向有水的地段进行，可以有效地防止涌水、坍方；扩宽既有线隧道、抽换边墙、落底改建隧道增设或加深侧沟均应采用跳槽开挖，并根据不同情况采用不同的跨度，跳槽开挖可以控制围岩压力、预防坍方。

(5)改建既有线隧道对围岩进行扩挖时，应及时支护。当利用原衬砌作支撑点时，应采用环形支撑，并符合下列规定：

①对原衬砌的受力部位必须加密钢拱架；

②扩大部位的支柱应沿拱圈的辐射方向架设，并左右对称；

③各纵梁之间应连接牢固，必要时起拱线以下亦应支撑。

(6)一般采用控制爆破先拆除部分衬砌，再开挖围岩，在爆破的过程中要预防破坏临时衬砌、早爆或盲炮。

(7)既有线隧道电气化改造时，施工中应有路局供电部门配合，在停止供电、接触网保护性接地后，方可施工。在施工人员及设备撤离施工现场后，方可恢复接触网送电。

(8)改建或整治隧道，施工中搭设的脚手架除应符合《铁路施工技术安全规则》规定的限界外，在列车通过时，若不拆除，应有足够的稳定和刚度，不因列车震动而变形、倒塌或侵限。

五、轨　　道

(1)既有线改建铺设轨道前，应做好施工调查，了解铺设地段的环境和条件，制定确保安全的施工方案。

(2)在既有线与站内增铺、改移及铺设临时道岔、便线时,应按《铁路施工技术安全规则》有关规定报批,请点和防护。

(3)施工影响既有线的通信、信号设备时,应与设备管理单位签订施工安全配合协议,明确各自的施工安全职责、联络方法、联络地点及专职配合人员。

(4)既有线上铺架作业时,作业人员应符合下列规定:

①不得在铁路中心、枕木头、线间距小于 5 m 的两线间行走,并不得多人并排行走,所持料具不得侵入建筑限界。

②横越铁路时,必须确认两侧无走行机车车辆后,方可通行。

③严禁钻车、扒车、跳车,从车底下传递料具。禁止在车辆底下和车辆两侧线路股道上、有塌方落石危险处所坐卧。

(5)既有线上破底清筛道床时,必须封锁线路。严禁扩大封锁前的准备工作范围。

(6)在与既有线并行地段增建第二线轨道施工时,施工机械不得侵入邻线,必要时应封锁邻线,并按有关规定进行防护。

(7)既有线拆铺线路和道岔,应符合下列规定:

①线路和道岔拆铺后,经检查,确认已达到放行列车的条件,并作好记录,方可开通线路。

②开通后的线路,应控制列车运行速度,以后根据线路质量,逐步提高限速。

(8)在既有线上换铺无缝线路应符合下列规定:

①无缝线路换铺作业必须在封锁线路的条件下进行。

②长轨条装运应使用专列车组,长轨列车在运输途中不应采用紧急制动。

③卸长轨条时,长轨列车走行速度不得大于 5 km/h;邻线来车时,应停止卸车。

④换铺无缝线路的作业条件应按铁道部现行的《铁路轨道施工及验收规范》中的有关规定执行。换下的旧轨应及时回收,临时放置在道心内的旧轨应予固定。

⑤待换的长轨应采取加固措施,防止在跨越信号机两端处侵线联电。

⑥无缝线路铺完经检查合格后,第一次列车通过速度不得大于 15 km/h。

⑦对焊接接头应进行探伤检查,发现问题及时处理。

⑧铺设时严格按设计轨温锁定铺设,如不符合设计要求,应进行应力放散。

(9)换铺无缝线路时,防胀应符合下列规定:

①施工地段应备好道砟。

②根据轨温安排作业。

③拧紧扣件螺栓和接头螺栓。

④拨直不良轨向。

⑤严格执行“二清”、“三测”、“四不超”和“两不走”。

⑥作业后恢复道床组织全面回检,在炎热天气或作业地段方向不良时,要留人看守,发现异状及时采取措施。

⑦严格执行“混凝土枕无缝线路作业轨温条件表”规定的作业轨温条件。

⑧加强和保持各种阻力,防止线路纵横位移。

a. 维持足够的轨道框架刚度,检查扣件的扣压力,拧紧接头螺栓,并保证轨枕螺栓扭力矩失格率不超过容许规定值。

b. 道床必须饱满密实,堆齐砟肩。

(10)无缝线路维修作业应符合下列规定：

①应按《铁路工务安全规则》中特殊线路故障的预防与处理有关规定执行。

②当线路方向发生胀轨预兆时，应浇水降温，然后进行拨道，必要时可限速通车。

③起拨道时，不得将起拨道机具放置在铝热焊缝处。由于焊接质量而造成的钢轨硬弯，经检查确认焊缝无内伤，轨温在 50 ℃以上时，可用弯轨器进行矫直。焊缝有内伤或轨温低于 50 ℃，应锯开重焊。

(11)既有线基建更新、改造项目施工完毕一段时，必须及时验收交接，未经验收合格的工程不得开通使用。

(12)既有线区间卸车，应符合下列规定：

①区间卸车时，不准机车与车辆摘离。片石车、钢轨车不得边走边卸。道砟、炉渣、河沙准许以 5 km/h 以下速度边走边卸。

②双线区间卸车不得侵入邻线限界。邻线来车时，应停止向邻线一侧卸车。禁止打开两线间的车门或卸车线高于邻线，向两线间卸片石、轨枕等滚动重材。

③线路两侧卸下的石渣、片石、河沙等路料，距钢轨头部内侧 810 mm 范围内不得超过钢轨顶面，并堆码稳固，坡度不陡于 1∶1，两线间(绕行线除外)所卸的道砟、河沙不得高于轨面 300 mm。

(13)既有线施工严禁联电，并应符合下列规定：

①在轨道电路区段和绝缘接头附近作业使用的金属机具，没有绝缘装置或绝缘装置不良不准使用。

②抬运钢轨、撤叉等金属物体，不得担在两股钢轨上。

③在钢桥上施工，不得把联结钢梁杆件的金属线绑在螺栓、道钉上。

④在线路、桥梁上作业或在线路两侧挖沟取土时，要防止碰断、碰混电务送变电线和电缆。

⑤防止扣轨梁联电，道口钢盘混凝土扳钢盘头联电，轨端有边突出联电，单轨车、接固架等机具的走行轮道过绝缘接头时联电，道岔配件脱落联电，散置在线路上的钢轨、道岔等金属物受振移动联电等。

⑥加强绝缘接头两端线路的防爬锁定，保持绝缘轨缝的良好稳定。

六、房屋建筑和给水排水

(1)既有线上房屋建筑和给水排水设施，其建筑物或构筑物跨越或接近铁路线路以及施工时脚手架、防护设施、吊装机具等均应符合《铁路施工技术安全规则》有关限界的规定。如必须侵入限界或在股道间施工应按《铁路施工技术安全规则》有关规定办理封锁、限速申请和设置防护。

(2)建筑物、构筑物跨越电气化区段施工时应符合《铁路施工技术安全规则》的有关规定。

(3)从线下穿越铁路轨道施工时，应先会同设备管理单位，查明地下的沟、管线和构筑物的位置深度及走向，制定防护措施，进行加固或拆迁。

(4)给排水管路施工，应符合下列规定：

①管沟宜采用人工分段开挖，分段回填，不得长距离开挖，暴露不填，必要时应采取支护。

②列车通过时管沟内作业人员必须暂时撤离。

③跨越线路的股道下开挖管沟对扣吊轨的数量、长度以及列车限速等须经计算。施工中如沟壁发生坍塌及单路变形，应立即采取措施，并必须在线路恢复到列车放行条件时，才能销

点放行列车。

④施工现场应设专人监护。

⑤弃运开挖土石方不得污染道床,料具堆放不得侵限。

⑥管道接口不得设在股道下。

(5)管道采用顶管法施工时,除应符合建设部《安全技术操作规程》外,还应符合下列规定:

①根据现场环境、管径、长度编制施工组织设计,并报铁路局批准。

②工作坑应设置防护围栏和警示标志,工作坑靠基础一侧应用土板顶挡支牢,如有松动变形,立即加固。

③顶管时应观测地面沉降,检查轨道高度变化,必要时应进行扣轨和限速行车。

④列车通过时,应暂停作业,人员撤出避让。

(6)在客流集中地段施工,应有安全通道,设置必要的防护设施和充足的照明。

七、电气化区段

(1)在电气化区段上施工需要停电作业时,应提出接触网停电申请。

(2)电气化区段施工,施工单位应与铁路供电部门签订施工安全协议,明确各自的安全责任。

(3)电气化区段施工必须指派专职人员负责与电力调度和接触网工区联系,遇紧急情况及时通知现场施工负责人。

(4)既有线电气化区段施工应符合下列规定:

①作业人员及其携带物件,或在建筑物及设施上施工,与接触网带电部分的距离必须保持在 2 m 以上,接触网可不停电,但应有接触网工的监护。

②不符合该条①款条件时,应在接触网停电下作业,并应提前向电力调度提出接触网停电申请,接到停电施工许可命令后,由接触网工安设临时接地线方可施工。

③当接触网断电时,无论已断导线是否落到地上,严禁任何人接触。当施工人员发现接触网断线时,应立即通知附近的接触网工区或电力调度员,并按规定设置停车防护信号加以防护,并在断电导线的 10 m 半径范围以内禁止有人接近。

④电气化区段(特别是离接触网较近的场所)严禁使用电雷管起爆。爆破必须停电。

⑤在电气化线路上进行起道、拨道前必须征得供电部门的同意,必要时应由供电部门派员配合。拨道前应测量接触网支柱内侧距轨道中心距离,起道时轨面不得超过轨面高度标记。

(5)使用铺轨机、架桥机、铺砟机、吊车等设备时,机械各部分作业范围不应超出机车车辆限界。

(6)在更换钢轨、道岔及其连接零部件,起拨道以及调整轨缝时,应事先通知供电部门采取安全措施,防止引起回流断路或信号故障。

(7)各种车辆和行人通过电气化区段平交道口时必须符合下列规定:

①汽车和兽力车货物装载高度(从地面算起)不得超过 4.5 m。

②在装载高度超过 2 m 的货物上严禁坐人。

③高长杆件应水平通过。

(8)电气化区段装卸作业应符合下列规定:

①凡敞车装卸货物,必须请求停电后作业。

②采用蒸汽机车或内燃机车牵引列车在区间进行装卸车时,应先办妥停电手续。

③使用棚车、风动石渣车装运的货物可不停电卸车。

④平车装运钢轨、片石、混凝土枕（不超过二层），使用不长于 0.8 m 的短橇棍卸车时，可不停电，站在车上作业，作业时使用工具不得超过头部。

八、通信、信号、电力及电力牵引供电

(1)封锁线路和停用信号、联锁、闭塞设备及其影响行车设备的施工时，施工单位应在施工前一个月向铁路运输部门提报施工计划，内容应包括施工地段、施工内容、影响范围及时间等。

(2)在施工计划实施前，施工负责人应根据批准的施工计划，向车站值班员办理登记要点申请手续。

(3)施工负责人在接到允许施工命令后，必须确认施工的起止时间，并根据施工地点所在位置设置可靠防护后，方可指示开工。施工负责人应保证在施工命令规定的时间内撤离施工区段。

(4)施工期间施工负责人应加强与车站值班员的联系。开行施工列车进行施工时，应与列车调度员联系。施工地点与车站、调度所之间应有可靠的通信联络。

(5)封闭点施工结束，施工负责人应确认线路及设备已具备正常运行条件后，撤除防护信号并及时办理销点。待列车通行正常之后，施工人员方可全部撤离。

遇有特殊情况，不能按时开通区间或不能按施工方案规定的速度允许列车运行时，施工负责人应提前通知车站值班员，请求延长施工时间或限制列车运行速度。

(6)利用列车间隔时间进行施工，施工负责人必须通过车站值班员向列车调度员联系，将施工项目、施工地点、施工内容以及施工所需时间向列车调度员申请，在未得到调度命令准许前施工人员不得上线作业。

(7)由施工负责人掌握的利用列车间隔施工作业，施工负责人应该加强与车站值班员及驻站联络员的联系，确切掌握列车运行情况和施工时间。施工地点应采用停车手信号进行防护，保证行车安全。

严禁利用特快旅客列车与前行列车的间隔进行施工。

(8)开行施工列车时应按下列要求执行：

①列车出发前应对列车制动机进行机能试验。

②运行中严格按信号行车，严禁超速行车。发现危及行车安全或人身安全时，应及时减速或停车。

③列车无线调度电话必须全程运转，严禁关机。遇列车无线调度电话故障时，列车应在前方站停车报告。

④行车必须保证停车准确，按规定鸣笛。防止列车冲动和断钩。

⑤施工列车在区间被迫停车进行防护或停车进行装卸作业，或者使用紧急制动阀停车后再起动时，司助人员必须服从施工负责人的指挥，并按规定检查试验列车制动主管的贯通状态，确认列车完整，具备开车条件后方可起动列车。

⑥施工列车在停站等会列车及在区间停车卸料时，不得关闭风泵，应保持机车总风缸和制动主管有足够的压力。

⑦开行施工列车进入封锁区间进行施工时，施工负责人必须明确指定随车进行防护的专职人员，并督促检查其携带的行车防护用品是否符合规定。

⑧为避免妨碍迎面来车的视线，夜间应关闭头灯或减弱灯光的强度。

(9)由于意外事故或行车设备故障等原因造成施工列车在区间被迫停车时，除使用列车无线调度电话充分联系外，还应该使用响墩(自动闭塞区段除外)对列车进行防护，并设防护人员显示停车手信号。具体要求按铁道部有关列车在区间被迫停车的处理办法。

(10)特快列车区段作业时，安全联络员应随时与车站值班员联系，掌握列车运行情况，特快列车到达施工地点前 10 min 必须停止施工。设备、工具等应撤至距钢轨外侧 2 m 以外，施工机械、物料堆码必须放置牢固。施工人员应在线路 3 m 以外躲避。

(11)凡有碍行车施工时，施工地点应设置防护。铁路状态及其设施未恢复到允许放行列车的条件不得撤除防护。施工防护信号的设置与撤除由施工负责人决定。

(12)防护人员应指定专人并经过考试合格的职工担任。防护人员执行防护工作时不得离开工作岗位。

(13)区间施工时单线应在车站两端，双线应在来车方向车站设驻站联络员，施工现场设工地防护员，防护人员必须携带防护用具(包括信号旗或信号灯、喇叭、无线对讲机、信号灯供夜间使用)。

(14)铁路建设施工占用线路作业，应根据线路速度等级，使用停车手信号进行防护，信号显示位置应符合铁道部有关施工及路用列车开行的规定。

(15)施工人员听到防护员发出的预报信号后，应作撤离准备。当施工负责人发出停工命令时，应立即撤除妨碍行车的一切障碍物，并迅速到安全地点待避。

(16)在区间线路上进行的作业不妨碍行车安全时，可不设置停车信号及减速信号防护，应在施工地点两端各 500～1 000 m 处列车运行方向(双向在列车运行的正方向)的左侧路肩上，设置作业标防护。当施工人员听到司机长声鸣笛时，应及时到安全地点待避。

九、轨道车及小车的使用

1. 重型轨道车的运行，应符合下列规定：

(1)重型轨道车的运行按列车办理。

(2)使用重型轨道车时，使用单位必须根据使用需要，按规定编报运输申请计划，纳入行车调度日班计划。

(3)轨道车出乘时，车上必须配备通信信号设备、安全防护用品、主要工具和备件等。

(4)在运输繁忙和快速线路上使用的重型轨道车除安装无线列车调度电话外，还应根据需要加装机车信号和运行监控装置。

(5)轨道车不得超限、超载和偏载。发车前由司机严格检查，当发现装载不良时应整理牢固，符合装载要求后方可发车。

(6)轨道车的牵引重量及速度，应按铁路局的规定办理，严禁超轴超速。

(7)重型轨道车与拖车联挂时，不准跨区间连续推进运行。区间推进运行时，应有引导员引车。

(8)两组重型轨道车联挂运行时，制动型式必须相同，并将功率大的或重载车编在前面。

(9)运送施工等人员时，拖车必须有端板、侧板，并有专人负责安全。施工负责人并应做到：

①对搭乘人员进行安全教育。

②运行中严禁人员站立或坐在端板、侧板及连接处。

③监督乘车人员待车停稳后方可上下，确认有关人员上下完毕，方能通知司机开车。

(10)在电气化区段使用的轨道车，其轴距小于 5 m 时，严禁单独行驶在交叉渡线上。

2. 轻型轨道车的运行，应符合下列规定：

(1)使用轻型轨道车运行时，必须取得车站值班员对使用时间的承认，填写轻型车辆使用书，在区间用电话联系时，双方分别填写使用书，并须在使用时间内撤出。

【案例】长沙铁路总公司株洲工务段浙赣线“1·10”重大死亡事故

(1)事故概况

1997 年 1 月 10 日 8 时 20 分，广铁集团长沙总公司株洲工务段醴陵领工区机械化施工队联络员到醴陵东站联系，请求开行轻型轨道车并牵引两辆轻型平板车进入浙赣线醴陵东—老关间上行线 K890 处进行线路维修作业。8 时 21 分，值班员与老关站联系确认区间空闲后，同意了工务联络员的请求，确定了占用时间为 8 时 25 分至 8 时 37 分。同时布置信号员开通了站内 5 道经 23/21 号、11/9 号道岔进入上行线的调车进路。随后，值班员通知工务施工负责人组织轨道车开车。8 时 25 分左右，轻型轨道车由站内 K898+896 处开车。

8 时 26 分左右，值班员询问工务联络员轨道车是否出站，工务联络员臆测回答已经出站，值班员即布置信号员办理 3115 次一道通过进路。在办理进路过程中，车站值班员明知轻型轨道车压不死电路(压不红轨道电路)，却没有认真确认股道空闲，就取消了轻型轨道车的调车进路，将 9/11 号道岔由反位操至定位。但此时轻型轨道车尚未通过 9/11 号道岔进入上行，而后却经 11 号道岔进入下行。当时区间有雾，能见度较差。3115 次列车 8 时 20 分自老关站进入下行，8 时 28 分，以 47 km/h 的速度行至 K896+150 弯道处，与轻型轨道车正面相撞，造成轨道车上的 25 人中，20 人死亡(当场死亡 16 人，后送往医院途中又死亡 4 人)，4 人重伤，1 人轻伤，构成重大死亡事故。

(2)事故原因

①醴陵东站值班员在同意轻型轨道车进入区间后，未办理《轻型车辆使用书》，仅凭工务联络员“轨道车已出清”的回答，就布置信号员开通 3115 次接车进路，使轨道车错进了下行线；助理值班员不按规定监督轨道车出站。两者均违反了集团公司颁布的《行车组织规则》第 80 条的有关规定。这是这次事故发生的主要原因。

②株洲工务段醴陵领工区机械化施工队联络员在未确认轨道车运行状况下，盲目向车站值班员提供了轨道车已出站的错误信息；轻型轨道车施工负责人(工长)未按规定督促填写《轻型车辆使用书》。两者均违反铁道部《铁路工务安全规则》第 2.5.2 条、第 2.5.3 条和广铁集团公司《防止机车车辆伤害事故措施》第 6 条第 5 项的有关规定。这是这次事故发生的重要原因。

(2)轻型轨道车运行时，应用展开的红色信号旗进行防护；在复线区段，当遇邻线来车，应暂将红色信号旗卷收，等车过后再行显示。

(3)轻型轨道车应有拆装式安全栏杆或扶手，并应稳固可靠。

(4)轻型轨道车在联挂拖车时不应推进运行，并不得与重型轨道车联挂。过岔速度不得超过 15 km/h。

(5)在区间施工作业，应派防护人员在车辆前后各 800 m 处显示停车手信号，随车移动，当瞭望条件不良，应增派中间防护员。

(6)轻型轨道车跟随列车后面运行时，应与列车尾部保持不少于 500 m 的距离。在长大上坡道区间，禁止续发轻型轨道车。

(7)轻型轨道车禁止在繁忙和快速线路上使用。因特殊需要必须由铁路局审查批准。

(8)轻型轨道车不得停放在站内线路上过夜,特殊情况下经车站值班员同意时,应加锁稳妥停放。

(9)轻型轨道车撤出线路后不得侵入限界,使用完毕后存放在固定地点并加锁。

3. 非机动轻型车辆及小车的使用,应符合下列规定:

(1)轻型车辆及小车应放置在固定的安全地点并加锁,使用前应进行检查,确认状态良好后方可使用。

(2)使用轻型车辆及小车时,必须取得车站值班员对使用时间的承认,并作好登记签认。

(3)使用轻型车辆及小车时,应符合下列条件:

①必须经施工负责人指定的专人负责使用。

②必须有足够的随车人员,能随时将轻型车辆或小车撤出线路以外。

③应备有防护信号、列车运行时刻表、钟表和通信设备。

④在有轨道电路的线路或道岔上运行时,应有绝缘车轴。

(4)在区间使用轻型车辆及小车时,应按下列规定防护:

①在线路上人力推行各种轻型车辆(包括在轨道上行走的养路、养桥机械等),应派防护人员在车辆前后各 800 m 处显示停车手信号,随车移动,如瞭望条件不良,应增设中间防护人员。

②使用小车,应有专人随车显示停车手信号,并注意瞭望。使用较重的单轨小车及在瞭望不良区段内使用各种小车时,还应按《铁路施工技术安全规则》有关规定防护。

在双线地段,单轨车应在外侧钢轨行驶,面对来车方向,如需多次跨越线路时,应在来车方向设专人防护,并按规定设置停车信号。

③轻型车辆及小车遇特殊情况时不能在承认时间内撤出线路,应在车辆前后各 800 m 处放置响墩,并以停车手信号防护。

④跟随列车后面运行时,应与列车保持不少于 500 m 的距离。在长大上坡道区间,禁止续发轻型车辆。

(5)在站内使用装载较重的单轨小车及人力推运的轻型车辆时,须与车站值班员办理承认手续,并在前后各 50 m 处显示停车手信号,随车移动,进行防护。

十、施工临时道口

(1)既有线上施工临时道口的设置,施工单位必须向所在铁路局办理申请审批手续,配置道口基本设备和防护信号备品,并与所在工务段双方签订安全协议,经批准单位检验合格,通知施工单位启用。

(2)施工临时道口,应制订道口安全管理细则。

(3)各种道口标志及栏木、护桩等,应经常保持齐全。

(4)施工临时道口必须派专人看守和清扫。按时开关栏木和显示信号,保证铁路行车和车马、行人的安全。

(5)对间断看守的道口,应在靠近道口临时公路的明显处所悬挂开放时间牌。无人看守时,必须把栏杆放下并加锁。

(6)道口启用后,使用单位应加强养护维修。若需延长使用时,应提前办理延长使用手续,用毕应及时拆除,维护线路原状。

十一、行走安全及避车

(1)在营业线上施工的人员在走行的时候,应走路肩和人行道;不得几人并行、打闹;不得穿戴红、绿色衣服和围巾;不得用衣帽等物裹严双耳;携带工具时要保持一定的距离;在通过道口或跨越线路的时候,必须执行"一站、二看、三通过"的制度;严禁钻车、扒车、跳车。

(2)特快旅客列车到达施工地点前 10 min,必须停止影响列车安全运行的施工,且人员、设备等应撤至距钢轨头外部 2 m 以外,施工机械、物料堆码必须放置牢固。

(3)不得利用特快旅客列车与前行列车的间隔进行施工。

(4)在规定利用动能闯坡的区间施工,列车运行速度在 120 km/h 及其以下线路,其防护距离自施工地点最外方第一响墩间不得少于 1 100 m。

(5)在区间或站内正线作业来车时,作业人员应距离本线列车不少于 800 m、邻线不少于 500 m 下道避车。

在区间或站内正线作业来车时,慢行条件下可距离本线列车 500 m 下道避车,邻线可不下道,但必须停止作业注意本线来车。

(6)在站内其他线路作业来车时,作业人员应距离本线列车不少于 500 m 下道避车;邻线可不下道,但必须停止作业。

(7)在站内不能确定来车方向时,要停止作业下道避车,避车时要注意列车掉物或篷布、绳索伤人。

(8)严禁作业人员跳车、钻车、扒车和由车底下、车钩上传递工具材料。休息时应到安全地点,不得坐钢轨上、枕木头、道心内、两线中间等危险地带或停留的车底下,在桥遂作业应到指定的地点。绕行停留车辆时其距离不少于 5 m,并注意车辆动态和邻线开来的列车。

(9)雷雨天气应注意防止雷击。

参考文献

[1] 中铁九局集团有限公司. 铁路工程基本作业施工安全技术规程(TB 10301—2009)[S]. 北京:中国铁道出版社,2009.

[2] 中铁二十一局集团有限公司. 铁路路基工程施工安全技术规程(TB 10302—2009)[S]. 北京:中国铁道出版社,2009.

[3] 中铁十局集团有限公司. 铁路桥涵工程施工安全技术规程(TB 10303—2009)[S]. 北京:中国铁道出版社,2009.

[4] 中铁二局集团有限公司. 铁路隧道工程施工安全技术规程(TB 10304—2009)[S]. 北京:中国铁道出版社,2009.

[5] 中铁一局集团有限公司. 铁路轨道工程施工安全技术规程(TB 10305—2009)[S]. 北京:中国铁道出版社,2009.

[6] 中铁电气化局集团有限公司,中铁六局集团有限公司. 铁路通信、信号、电力、电力牵引供电工程施工安全技术规程(TB 10306—2009)[S]. 北京:中国铁道出版社,2009.

[7] 崔玖江. 盾构隧道施工风险与规避对策[J]. 隧道建设,2009,29(4):377～396.

[8] 李向国,黄守刚,张鑫. 高速铁路施工新技术[M]. 北京:机械工业出版社,2010.